人事労務担当者必携

新版 労働基準法 実務問答 第3集

～三六協定と変形労働時間・フレックスタイム制
副業・兼業に関するQ&A～

労働調査会出版局 編

序

　長時間労働を是正するため平成30年7月6日に公布された働き方改革関連法により、労働基準法は大幅に改正されました。なかでも時間外労働については、新たに罰則を伴う絶対的な上限が法律上明記されるというこれまでにない規制が取り入れられ、時間外・休日労働に関する協定（三六協定）の締結要件、協定様式等について、実務上の取扱いも大きな変更を迫られることとなりました。また、フレックスタイム制も、清算期間の上限を延長するなど、より柔軟で使い勝手のよい制度に改められています。

　本書は、新版「労働基準法実務問答」シリーズの第3集として、弊社発行の定期誌『労働基準広報』『先見労務管理』の労務相談室に企業の労務担当者などから寄せられた相談の中から、時間外労働や変形労働時間制、フレックスタイム制等に関する事例を中心として精選し、あわせて、今般、厚生労働省から出された「副業・兼業の促進に関するガイドライン」についても取り上げ、問答形式で法律上、実務上の対応策を分かりやすく解説したものです。

　本書が関係各位に広く活用され、職場の労務管理実務に資することを願ってやみません。

　令和3年8月

編者

新版 労働基準法実務問答 第3集

●目次●

第1章 時間外労働

1 残業しても三六協定が必要ないのは
   どのような場合ですか……………………………………………10

2 今後は労働者代表と三六協定を締結
   労働協約と法的効果の違いは……………………………………15

3 HPで過半数代表者を募る
   反対者のみメールを要求は………………………………………20

4 三六協定届などの押印欄の削除
   三六協定書も兼ねているが………………………………………25

5 営業所の三六協定も本社で一括協定だが、
   本社とは別に協定必要か…………………………………………30

6 新操業する工場での時間外労働
   本社の三六協定で対処可能か……………………………………33

7 派遣先の協定時間超えて残業できるか…………………………37

8 三六協定の自動更新証明、郵送でよいか………………………40

9 三六協定ない工場へ配転、残業可能か…………………………42

10 三六協定での労働者側の締結
   当事者嘱託再雇用の者でよいか…………………………………45

11 改正労基法による時間外の上限規制
   転職前後で通算して適用か………………………………………49

12 改正労基法による時間外労働の上限規制
   建設業は適用除外か………………………………………………53

13 三六協定締結後に組合が過半数割れ
   協定の効力どうなるか……………………………………57
14 有効期間の途中で上限時間数プラス　届け出可能か………62
15 協定更新を拒否、残業命令の効力どうなる…………………67
16 課長職以上なら時間外労働は
   適用されないと考えてよいか………………………………69
17 育児・介護中の労働者には
   時間外の上限は定められていますか………………………73

第2章　変形労働時間・フレックスタイム制

18 フレックスタイム制導入の要件、方法は……………………78
19 働き方改革法成立でフレックス制が改正
   規制強化されるのか…………………………………………82
20 改正法でのフレックス制の清算期間
   1カ月と2週間は……………………………………………87
21 フレックス制でコアタイムなくてよいか……………………92
22 フレックス制のコアタイムに遅刻する者
   賃金減額してよいか…………………………………………95
23 フレックス制のコアタイムに45分の休憩
   残り15分の休憩どうする……………………………… 100
24 フレックス制での出張どうなる……………………………… 105
25 フレックス制で早出を命じ得るか…………………………… 108
26 フレックスタイム制導入に深夜業などの適用あるか…… 109
27 1カ月単位の変形労働時間制、労使協定必要か………… 112
28 1カ月単位なら日、週の上限ないか……………………… 116
29 1カ月単位の変形労働時間制、
   労使協定と就業規則で要件異なるか………………………… 119

30 1年の変形制、就業規則での定め不要か……………………… 121

31 1年単位の変形労働時間制、
    休日要件はどうなっているか…………………………………… 124

32 1年単位の変形労働時間制、
    途中配転する者の労働時間はどう算定するか………………… 126

33 1年単位の変形労働時間制で
    閑散期のみ勤務した者の賃金カットできるか………………… 129

34 中途退職なら1年変形の適用不可か…………………………… 132

35 1週間単位の非定型変形制、80人のホテルでとれるか… 135

36 1年単位の変形労働時間制で振替休日の実施条件は…… 137

37 1年のうち半年だけ変形労働時間制導入、
    時間外労働の上限は……………………………………………… 139

38 1年単位変形制を期間途中で廃止したい
    割増賃金の清算方法は…………………………………………… 141

第3章　副業・兼業の促進に関するガイドライン

39 副業・兼業のガイドラインは
    どのような内容を定めているのですか………………………… 146

40 副業・兼業のガイドラインには新旧がありますが、
    新ガイドラインではどのような内容が
    変わったのでしょうか…………………………………………… 150

41 副業・兼業の場合に使用者は、
    労働者の健康管理・安全配慮を
    行わなければならないのでしょうか…………………………… 152

42 副業・兼業の場合の労働者について、
    使用者としては秘密保持等の観点からは
    どのような規制を行うべきですか……………………………… 154

43 副業・兼業を行う労働者に対して、
　それを禁止することはできないのですか。
　判例は、どのように述べていますか……………………… 157

44 副業・兼業の場合の労働者について、
　使用者としては競業避止義務等との関係から
　どのような規制を行うべきですか……………………… 161

45 マンナ運輸事件では、
　会社に対する一種の損害賠償が認められていますが、
　どのような内容なのでしょうか………………………… 164

46 ２つ以上の事業場で勤務する労働者に対しては、
　労働時間はどのようにして管理するのですか………… 166

47 副業・兼業の場合に労働時間を通算しない場合は
　どういう場合ですか……………………………………… 168

48 ２つの事業場での労働時間を通算する場合に、
　所定労働時間の通算はどのようにするのですか……… 172

49 ２つの事業場での所定外の労働時間の通算は
　どのようにするのですか………………………………… 174

50 副業・兼業の場合の三六協定の適用は
　どうなるのでしょうか…………………………………… 178

51 厚生労働省の策定した管理モデルは
　どのような場合に導入するのですか。
　また、その導入手順とはどういう内容に
　なっているのでしょうか………………………………… 180

52 管理モデルでの上限時間の設定は
　どのように行うのでしょうか…………………………… 183

53 管理モデルを実施して労働時間を管理する場合に、
　　どの労働時間について、時間外労働の割増賃金を
　　支払うことが必要になるのでしょうか……………………… 187

54 管理モデルの導入で上限時間が80時間を超えた場合には
　　どうすればよいのでしょうか………………………………… 190

55 管理モデルの労働時間の上限は
　　変更することができますか…………………………………… 193

56 ３社以上で兼業するときも、
　　管理モデルは適用できますか………………………………… 196

57 管理モデルを用いた場合の法違反事例としては、
　　どのようなものが考えられますか…………………………… 198

58 副業・兼業を行う労働者についての労災補償につき、
　　労災保険はどのように改正されたのでしょうか…………… 200

59 副業・兼業を行う労働者についての過重労働を
　　原因とする災害の場合には、業務上・外の原因とする
　　労災保険の認定はどのように行われるのでしょうか…… 202

60 副業・兼業の場合の通勤災害は
　　どのように認定されるのですか……………………………… 205

61 副業・兼業の場合の健康管理は
　　労働時間を通算して考えるのですか………………………… 207

62 パート社員が副業・兼業で労働時間が増加した場合には、
　　一般健康診断が必要になるのですか………………………… 209

63 副業・兼業を行う場合の労働者は、
　　自らの健康を守るために対応すべきことがありますか… 212

第1章

時間外労働

残業しても三六協定が必要ないのは どのような場合ですか

Q₁　労使協定なしに時間外労働ができる場合がある
のですか。　　　　　　　　　　　　　　〔東京・Ａ社〕

....

A　法定内残業や法定外の休日労働など

　つぎの３つの場合には三六協定は必要ありませんが、就業規
則等の定めが必要な場合もあります。

⑴　いわゆる法定内残業の場合

　　事業場の所定労働時間が１日７時間30分、１週37時間30分
の場合、１日30分ずつ毎日所定労働時間を超えて労働をさせ
る場合

　労働基準法第36条は、労使協定（同法36条に基づくもので
「三六協定」と呼ばれています。）の締結と行政官庁への届出を
条件として、同法第32条から第32条の５まで、もしくは第40条
の労働時間に関する規定にかかわらず、その協定で定めるとこ
ろにより労働時間を延長することができると規定していますの
で、三六協定の締結をしなければ労働させることができないのは、

①　１週間について40時間、１日について８時間を超えて労働
　させる場合（同法第32条）

②　変形労働時間制を採用している事業場において、あらかじ
　め定められた労働時間を超えて労働させる場合（法定労働時

法定内残業の場合や法定休日以外の休日の労働等の場合は三六協定の締結が必要ないが就業規則等で定めが必要な場合がある

間の範囲内に収まる場合を除く）（同法第32条の2から第32条の5）

③　労働時間の特例の対象である10人未満の商業・サービス業等（特例措置対象事業場）においては、1週44時間、1日8時間を超えて労働させる場合（同法第40条）

　行政解釈は、「就業規則に実労働時間を1週38時間と定めたときは、1週38時間を超え1週間の法定労働時間まで労働時間を延長する場合、法第36条第1項の規定に基き労働組合と協定する必要があるか。」との問いに対し、「各日の労働時間が8時間を超えない限り労働基準法第36条第1項に基く協定の必要はない。」（昭23・4・28 基収第1497号、昭63・3・14 基発第150号、平11・3・31 基発第168号）としています。

　　しかしながら、労働協約などにおいて、このようないわゆる法定内超勤の場合においても協定をするとの特約があれば、当該協約に基づくものとして、協定の締結が必要となります。

⑵　法定休日以外の休日の労働

　　事業場の所定労働時間が1日7時間、1週35時間で、毎週土曜日、日曜日が休日という週休2日制の場合、土曜日に出勤させる場合

　　休日労働に関し、同法第36条第1項に基づく協定（三六協定）の締結・届出の必要があるのは、法第35条に規定されている「毎週1回」または「4週4日」の休日（法定休日）に労働させる場合です。

　　このことについては、行政解釈でも、「休日労働について4週間に4日以上の休日があり、その基準以上の休日に労働させ4週間に4日の休日は確保する場合、協定届出の義務はない」（昭23・12・18 基収第3970号）としています。

　　したがって、法定休日以外の休日の出勤については、週の法定労働時間の範囲内（40時間）であれば、三六協定の締結・届出の必要はありません。ご質問の場合は、土曜日の休日出勤の労働時間が5時間以内であれば、労使協定はなしで労働させることができます。

⑶　週休3日制で1日の所定労働時間が8時間を超える場合

　　週休3日制を導入し、1日の労働時間を8時間30分とする場合、36協定を結ぶ場合

　　労働時間に関する原則については、同法第32条の規定により

「１週間について40時間」、「１日について８時間」を超えては
ならないとされています。

　この原則は、労働時間について、１週間および１日の両面か
ら規制しているものです。

　週の労働日を４日間とし、１日について８時間30分の労働時
間をとるとすれば、１週間の労働時間は34時間となり、労働時
間に関する１週間の規制についてはその範囲内に収まるものの、
１日の規制（８時間）に抵触することになります。

　こうしたケースは、１日16時間の勤務を隔日に行うような場
合など変則的な勤務制度をとる場合も同様です。ただし、同法
第32条の２において、１カ月単位の変形労働時間制に関する規
定を設けています。

　この１カ月単位の変形労働時間制に関する規定は、１カ月以
内の一定の期間を平均し１週間あたりの労働時間が法定労働時
間以内であれば、特定の日または特定の週に法定労働時間を超
えて労働させることができる、とするものです。

　この「特定の日」とは、必ずしも１日に限られるものではあ
りませんから、この変形労働時間制の規定に従えば、「特定の日」
に８時間30分の労働時間としても、法に抵触しないことになり、
特定の週に40時間を超えることもでき、いずれも三六協定の締
結は必要ありません。

　ただし、この変形労働時間制をとる場合は、労使協定または
就業規則その他これに準ずるもの（常時労働者数10人未満の就
業規則の作成義務（同法第89条）のない事業場の場合は、就業

規則に準ずるもの）にその旨の定めをしなければならず、たとえば、つぎのように各労働時間を特定しておかなければなりません。

（勤務時間・休日）

第○○条　1週間の所定労働時間は、34時間とする。月曜日から木曜日までの所定労働時間は、1日8時間30分とし、始業および終業時刻、休憩時間は、つぎのとおりとする（以下略）。

休日は、金曜日、土曜日および日曜日とする。

また、1カ月単位の変形労働時間制を適用する場合は、同法施行規則第12条の2により、労使協定または就業規則その他には変形期間の起算日を明らかにしておく必要があります。

さらに、この場合、1日の労働時間が8時間を超えていますので、1日の休憩時間は必ず1時間以上としなければなりません（同法第34条第1項）。

なお、同法第32条の2の変形労働時間制によることなく、同法第32条第2項による原則に従い、1日の所定労働時間は8時間としておき、これを超える30分について、三六協定を結び、時間外労働とする扱いも考えられますが、この扱いは、1日の労働時間を8時間と定めた法の趣旨に形式的には従いながら、実質的には、毎日30分間の時間外労働を恒常的に行うということとなり、時間外労働は例外的な場合のものとする考えからも好ましいものではありません。

今後は労働者代表と三六協定を締結
労働協約と法的効果の違いは

Q2 当社では、従業員の過半数で組織する労働組合と三六協定を締結していて、同協定は、労働協約という形になっています。しかしながら、若い組合員の脱退などが相次ぎ、今年度をもって、その過半数労働組合が解散することになりました。そうすると、来年度からは、従業員の過半数を代表する者と三六協定を締結することになると思うのですが、従来の労働協約とは、法的効果や取扱いなどに何か違いはあるのでしょうか。なお、現在の三六協定の有効期間は３年となっており、さらに自動更新の規定があります。　　　　　　　　　　〔静岡・Ｒ社〕

．．

A 三六協定には私法上の効力はなく
時間外労働命令には契約上の根拠が必要
〔弁護士・田島潤一郎（安西法律事務所）〕

　三六協定が労働協約を兼ねることもありますが、締結当事者の労働組合が解散した場合、労働協約も三六協定も失効します。新たに選出された過半数代表者と締結された三六協定には、労使間の契約を規律する効力はないので、時間外労働命令等を有効に発するためには、契約上の根拠が必要となります。

1　労使協定と労働協約

(1)　労使協定とは

労使協定とは、労基法等の労働関係法令に基づき、使用者と過半数労働組合（存在しない場合は過半数代表者）との間で、書面により締結されるものをいいます。

労使協定の効力は、労基法等の最低基準効を解除する効力及び労基法等で刑事罰が定められている行為の刑事責任を免除する点にあります（免罰的効力）。この効力は、労使協定を締結した事業場全体に生じます。

他方で、労使協定には、（一部の協定を除いて）労使間の契約内容を規律する効力（私法上の効力）はありません。そのため、労使協定に記載された事項を労働契約の内容にするには、労働協約、就業規則、個別の労働契約などの契約上の根拠が必要です。

労使協定のうち労基法36条に基づいて定められるものを三六協定といいますが、使用者は、この三六協定を締結し、これを所轄の労基署長に届け出れば、法定労働時間を超えて労働をさせても、刑事責任を問われません（法定時間外労働は、本来は、労基法32条違反として刑事罰の対象です〔労基法119条１号〕）。ただし、三六協定に私法上の効力がない以上、労働者に対し、法定労働時間を超えた時間外労働命令等を行うためには（労働者に、法定時間外労働義務を生じさせるためには）、契約上の根拠が必要です。

(2)　労働協約とは

労働協約とは、労働組合と使用者又はその団体との間で、労

働条件その他に関して定める協約で、書面に作成し、両当事者が署名又は記名押印したものをいいます（労組法14条）。労働協約の効力の概要は次のとおりです。

すなわち、労働協約のうち「労働条件その他労働者の待遇に関する基準」については、個々の労働契約を直接規律する効力を有します（規範的効力・労組法16条）。この点で、労働協約は、契約上の根拠になります。また、労働協約は、原則として締結労働組合の組合員に適用されるものですが、一定の要件を満たした場合には、当該労働組合の組合員以外にも適用されます（事業場単位の一般的拘束力・労組法17条）。

(3) 両者を兼ねる場合

労使協定が、労働協約の形式（労組法14条）を満たした場合に、労使協定と労働協約双方の効果を有するかどうかについては、議論がありますが、労基則17条1項1号が労働協約の形式で三六協定を締結することを認めていることを踏まえ、肯定すべきと考えられます（菅野和夫「労働法 第12版」弘文堂・509頁参照）。

2 労働組合の解散による影響

労使協定締結後に、労働組合が解散した場合、当事者が消滅する以上、労使協定は失効すると考えられます（東京大学労働法研究会「注釈労働時間法」有斐閣・441頁）。

また、労働協約締結後に、労働組合が解散した場合、同一性を有する労働組合が結成されたなどの場合を除き、労働協約は失効すると考えられます（厚生労働省労政担当参事官室編「6

訂新版 労働組合法 労働関係調整法」労務行政・651頁）。

3　ご相談の件について（年度末に向けた対応）

⑴　過半数代表者の選出と三六協定の締結

　ご相談の件では、労働協約を兼ねる三六協定の締結当事者である労働組合が解散予定ですので、前記2の考えを前提にすれば、今年度末をもって、三六協定も労働協約も失効すると考えられます。

　御社としては、他に過半数組合が結成されない以上は、来年度からは、過半数代表者を選出し、同人との間で労使協定を締結することが考えられます。過半数代表者の選出には、選挙などのために一定の期間を要するので、早目の準備が重要です。

　なお、三六協定の有効期間は、1年とすることが望ましいです（厚生労働省労働基準局編「改正労働基準法に関するQ＆A（平成31年4月）」2－1参照）。

⑵　私法上の根拠の確認

　もっとも、三六協定には、私法上の効力はありません。また、過半数代表者との三六協定では、労働組合が当事者でない以上、労組法14条の形式を満たさないので、労働協約としての効力を兼ねることもありません。

　そのため、法定労働時間を超える時間外労働命令等を発するためには、就業規則等の契約上の根拠が必要です（ただし、後述の余後効の議論があります。）。

　そして、この点については、就業規則の定めがあれば、個別の同意を得ることなく使用者が労働者に対して時間外労働を命

じることができ、また、就業規則の内容は、三六協定を引用する程度の内容で足りると考えられています（日立製作所事件〔最判平3・11・28 労判594・7〕参照）。この点を踏まえて、時間外労働命令の根拠となる規定の有無を確認しておく必要があります。

　なお、労働協約失効後、労働協約により規律されていた契約がどうなるかという議論があります（いわゆる「余後効」）。実務上、統一した見解はないものの、失効した労働協約と同内容の就業規則があれば、協約失効後の契約は、その就業規則により規律されると考えられます。そのような定めがなければ、契約は労使の合理的な意思解釈によることになりますが、ご相談の件では、組合員の脱退などを受けての組合の解散が協約失効の理由であり、労使の合理的な意思は、協約を破棄するものではなく、協約の内容を維持することにあるとして、これが契約上の根拠になり得ると考えます。

　ただし、余後効を否定する見解もあることから、上述のように就業規則等の規定を確認し、必要に応じて、時間外労働命令の根拠規定を設けることが望ましいです。

　規定の例としては、「業務上の都合によりやむをえない事由のある場合は、労働基準法に基づいて定めた労使協定の範囲内で、時間外、休日労働を命じることがある。」などの文言が考えられます。

HPで過半数代表者を募る
反対者のみメールを要求は

Q3 　当社は、社員100人以下の派遣元事業主ですが、
労使協定の締結にかかる過半数代表者の選出は、
まず、派遣労働者も含めてHPで立候補者を募り、立候補
があった場合は、当該立候補者を信任しない者のみメール
で担当社員に連絡させるという方法をとっています。

　しかし、一部の派遣労働者から、「立候補を募ったこと
を知らなかった」、「立候補者に会ったことがなく、どのよ
うな人かわからない」といった声が複数寄せられました。

　当社のような選出方法は問題があるでしょうか。

〔東京・Ｕ社〕

. . . .

A 　民主的手続として不十分であると
判断される可能性あり

〔弁護士・平田健二（安西法律事務所）〕

　労基法上、過半数代表者は、派遣労働者を含む当該事業場の
全労働者を対象に、使用者の意向を排除した民主的手続によっ
て、過半数の支持を得られた者が選任されなければならないと
ころ、立候補者の募集をHP（ホームページ）で掲載するにと
どめ、選任につき、反対者のみメールを要求するのみでは、民
主的手続として不十分であり、労使協定の効力が否定されるお
それがあります。

1　過半数代表者について

(1)　過半数代表者の意義

　使用者である会社がいわゆる三六協定等の労使協定を締結しようとする場合、事業場に所属する全労働者の過半数で組織する労働組合があれば当該組合を、過半数組合がなければ、過半数代表者（事業場における労働者の過半数を代表する者）を相手とする必要があります（労基法第36条第1項等）。

(2)　過半数代表者の選出方法等

　ア　法令等の定め

　労基法施行規則第6条の2第1項は、過半数代表者について、以下のいずれにも該当する者であるとしています。

①　労基法第41条第2号に規定する管理監督者でないこと（労基則第6条の2第1項1号。ただし、同条第2項）。

②　法に規定する協定等をする者を選出することを明らかにして実施される投票、挙手等の方法による手続により選出された者であって、使用者の意向に基づき選出されたものでないこと（労基則第6条の2第1項2号）。

　また、行政解釈上、②の「等」には、労働者の話合い、持ち回り決議など労働者の過半数が当該者の選任を支持していることが明確になる民主的な手続が該当するとされています（平成11・3・31 基発169号）。

　イ　「労働者の過半数を代表」とは

　過半数代表者は、事業場における労働者の過半数を代表する者を指しますが、「労働者の過半数」については、法律上、特

段、労働者の範囲を制限する根拠はなく、当該事業場に使用されているすべての労働者の過半数との意味であり、正社員のほか、有期契約労働者、パートタイム労働者、そして派遣元事業主においては、雇用契約関係のある派遣労働者もこの「労働者」に含まれると解されます。「労働者」の範囲については、行政解釈も出されていますが、労基法第41条2号の管理監督者、休職者、病欠者等も全て「労働者」の母集団に含まれるとされており、同趣旨と考えられます（昭和46・1・18 45基収6206号、昭和63・3・14 基発150号、平成11・3・31 基発168号）。

　ウ　過半数代表者の選出方法

　上記のとおり、過半数代表者の選出に当たっては、代表者選出の趣旨を明らかにして（例えば、三六協定の締結当事者として、など）、労働者の過半数が当該者の選任を支持していることが明確になる民主的な手続によることが必要になります。

　労基則や行政解釈に上げられた挙手、話合い、持ち回り決議等の選出方法はもちろん、対象労働者に、直接信任・不信任の投票をしてもらうこと（信任投票方式）なども、全労働者の意思（選任に賛成か反対か）が積極的に示されるもので、労働者の過半数が当該者の選任を支持していることが明確になる民主的な手続といえます。

　では、信任投票方式にして反対者が過半数に達しない場合には当該候補者を過半数代表者とするという手続は認められるでしょうか。

　この点、筆者としては、信任・不信任の意思表示の方法として、

不信任の場合に積極的に表示を求め、表示が無い場合は、信任したものとして扱う旨を事前に十分に周知し、かつ不信任の表示をすることが容易である場合（不信任である旨メールをすれば足りる等）には、労働者の過半数の支持を得ていることが明確になっている民主的手続として認める余地があると考えます。ただ、否定する意見もあり、選任手続に瑕疵があるとして三六協定が無効となり、時間外労働等が違法になる等のリスクに照らし、積極的に労働者の意思が確認できる選任方法を用いるのが、穏当であるとはいえます。

2　ご質問のケースについて

⑴　HPでの通知について

　立候補者の選出について貴社ホームページで行う点ですが、ホームページに情報を掲載するのみでは、立候補者募集に気付かない労働者が生じる可能性があり、また、派遣労働者は、内勤社員のように、社内のパソコンを貸与されているわけではなく、スマートフォンが普及しているとはいえ、インターネットを介して容易に貴社ホームページにアクセスできないケースがあり得ることからしますと、かかる労働者を含めた全労働者の過半数の支持を得られているとはいえないと評価されるおそれがあります。

　そこで、立候補者の募集等の通知については、電子メールや、インターネット環境が整っていない労働者に対しては、郵送でもれなく立候補・選任の機会が与えられるよう、工夫することが考えられます。

(2)　不信任の場合のみメールで連絡する選任方法について

　選任の方法ですが、上記のとおり、貴社のような不信任の場合のみ積極的に意思表示を求める選任方法では、そもそも、労働者の支持を得ているか否かが明確でないと評価されるリスクがあり、仮に許容し得ると考えたとしても、不信任をメール送信しなければ信任として扱われること等について事前に十分に労働者に周知されていなければ、やはり民主的手続として不十分であると評価されるリスクがあると考えます。

三六協定届などの押印欄の削除
三六協定書も兼ねているが

Q4 先日、新型コロナウイルス感染防止の観点から、行政機関に提出する書類の押印欄が削除されることをニュースで知りました。

当社は、従業員数30人ほどの企業で、毎年３月に労基署に「三六協定届」を提出していますが、これは従業員代表との間で協定した「三六協定書」を兼ねています。「三六協定書」についても押印をしなくて良いことになったのでしょうか。

また、他に押印欄が廃止される提出書類や、押印欄の廃止がいつ行われるのかについても教えてください。

〔神奈川・Ｔ社〕

A 押印欄の削除は三六協定届のみであり
三六協定書は押印が必要

〔弁護士・小川和晃（レクスペラ法律事務所）〕

「労働基準法施行規則等の一部を改正する省令案要綱」は、労働基準法に係る届出等の様式について、押印原則の見直し（押印廃止）をすることが主な内容とされています。三六協定届も押印廃止の対象とされていますが、押印を省略できるのは三六協定届のみであり、三六協定書には押印が必要です。三六協定届のほか、「解雇制限・解雇予告 除外認定申請書」、「断続的な

宿直又は日直勤務許可申請書」なども対象であり、施行期日は令和3年4月1日とされています。

1　押印原則の見直し

現在、労働基準法に係る届出等の所定の様式には、「時間外労働・休日労働に関する協定届」（三六協定届）など、使用者の押印が求められているものが多数存在します。

これは、労働基準法に係る許可・認定の申請、届出、報告の様式について、使用者の記名押印又は署名が求められていること（労働基準法施行規則第59条の2第2項）によるものです。

もっとも、今般、新型コロナウイルス感染症の緊急対応を契機として、行政手続における押印原則の見直しが図られています。そして、これらの労働基準法に係る様式についても、押印原則の見直しが進められています。

具体的には、労働基準法に係る届出等の様式について、①使用者が押印をする欄を削除すること、②過半数代表者がその要件を満たすことを確認するチェックボックスを設けること、③電子申請を行う場合には使用者の氏名を電磁的記録に記録することをもって代えることができること――などの改正を進めることが予定されています（労働基準法施行規則等の一部を改正する省令案要綱）。

上記省令案要綱は、令和2年11月11日に厚生労働大臣から労働政策審議会に諮問され、同日、労働政策審議会は、「おおむね妥当と考える」との答申をしました。

今後は、労働政策審議会の答申を踏まえ、労働基準法施行規

則等の改正が進められる予定です。施行期日は令和3年4月1日とされています。

2　三六協定書の押印の要否

今回、押印廃止が進められているのは、あくまで行政手続に関する書類です。

したがって、三六協定についても、押印が省略されるのは三六協定届のみであり、三六協定書の押印は依然として必要になります。

実質的にも、三六協定書は、使用者と労働者の合意によって交わされる書面であり、適正な労使協定の締結のためにも、三六協定書の押印は省略すべきではありません。

貴社のように、三六協定届と三六協定書を兼ねている場合には、引き続き労使双方の記名押印又は署名が必要とされています。

3　その他の押印廃止書類

今回の「労働基準法施行規則等の一部を改正する省令案要綱」において押印が廃止される書類は、以下のとおりです。

① 　貯蓄金管理に関する協定届

② 　解雇制限・解雇予告除外認定申請書

③ 　解雇予告除外認定申請書

④ 　1箇月単位の変形労働時間制に関する協定届

⑤ 　清算期間が1箇月を超えるフレックスタイム制に関する協定届

⑥ 　1年単位の変形労働時間制に関する協定届

⑦ 　1週間単位の非定型的変形労働時間制に関する協定届

⑧　非常災害等の理由による労働時間延長・休日労働許可申請
　　書・届

⑨　時間外労働・休日労働に関する協定届

⑩　時間外労働・休日労働に関する協定届（限度時間を超えて
　　時間外・休日労働を行わせる場合（特別条項））

⑪　時間外労働・休日労働に関する協定届（新技術・新商品の
　　研究開発業務に従事する労働者に時間外・休日労働を行わせ
　　る場合）

⑫　時間外労働・休日労働に関する協定届（適用猶予事業・業
　　務に従事する労働者に時間外・休日労働を行わせる場合）

⑬　時間外労働・休日労働に関する協定届（事業場外労働に関
　　する協定の内容を付記して届け出る場合）

⑭　時間外労働・休日労働に関する労使委員会の決議届

⑮　時間外労働・休日労働に関する労働時間等設定改善委員会
　　の決議届

⑯　断続的な宿直又は日直勤務許可申請書

⑰　集団入坑の場合の時間計算特例許可申請書

⑱　事業場外労働に関する協定届

⑲　専門業務型裁量労働制に関する協定届

⑳　企画業務型裁量労働制に関する協定届

㉑　企画業務型裁量労働制に関する報告

㉒　休憩自由利用除外許可申請書

㉓　監視・断続的労働に従事する者に対する適用除外許可申請
　　書

㉔　高度プロフェッショナル制度に関する決議届

㉕　高度プロフェッショナル制度に関する報告

㉖　職業訓練に関する特例許可申請書

㉗　業務傷病に関する重大過失認定申請書

㉘　就業規則の意見書

㉙　適用事業報告

㉚　預金管理状況報告

営業所の三六協定も本社で一括協定だが、本社とは別に協定必要か

Q5　当社には、東京本社のほか、横浜、名古屋、大阪に営業所があります。当社では、三六協定の締結に際しては、本社でのみ協定を締結し、本社の三六協定の対象労働者の範囲に、各営業所の者の人数も含めて記載しています。

　先日、同一企業であっても、場所が離れている場合には、それぞれの営業所で三六協定を締結しなければならないと聞いたのですが、当社でも、営業所ごとに協定を締結しなければならないのでしょうか。〔大阪・Ｂ社〕

A　本社と営業所が離れていれば別個の協定が原則

　就業規則の作成義務や三六協定をはじめとする労使協定の締結義務など、労働基準法が定める規定の適用の単位は、企業単位ではなく、本社事務所、工場などの事業場単位となります。

　この点については、行政解釈においても、「一の事業であるか否かは主として場所的観念によつて決定すべきもので、同一場所にあるものは原則として分割することなく一個の事業とし、場所的に分散しているものは原則として別個の事業とすること」とされています（昭22・9・13 発基第17号、昭23・3・31 基発第511号、昭33・2・13 基発第90号、昭63・3・14 基発第

別々の協定が必要？

支社

必要です！

本社

支社

労使協定は事業場ごとが単位とされており、場所が
離れていれば事業場ごとに締結し、届け出る

150号、平11・3・31 基発第168号）。

　つまり、同じ場所で一体的に作業が行われている場合には、
これを1つの事業場とみる考え方で、たとえば、本社事務所と
営業所が離れた場所にある場合には、原則として、本社事務所
と営業所はそれぞれ別個の事業場となるわけです。

　したがって、このような場合には、本社事務所と営業所、そ
れぞれで三六協定の締結・届出が必要になります。

　ご質問のケースにおいても、この考え方に照らし、原則とし
て、各営業所ごとに、過半数労働組合、そのような労働組合が
ない場合は各営業所の労働者の過半数を代表する者と三六協定
を締結しなければならないといえます。

　ただし、別個の場所にあるからといって、そのすべてがそれ

それ1つの事業場とみなされるわけではありません。

前掲行政解釈は、「場所的に分散しているものであつても、出張所、支所等で、規模が著しく小さく、組織的関連ないし事務能力等を勘案して一の事業という程度の独立性がないものについては、直近上位の機構と一括して一の事業として取り扱うこと。例えば、新聞社の通信部の如きはこれに該当すること」としています（同通達）。

もちろん、この場合、名称が、出張所、支所であるからとか、単に人数が少ないからといって、1つの事業として取り扱われないというものではなく、個別の状況により、独立性をもっているかどうかで判断されることになります。

ご質問の営業所についても、本社の業務内容、本社の営業所に対する指揮命令の権限、営業所の規模、営業所での業務内容、営業所での所長など管理者の有無、指揮命令の権限などを総合して判断することになるでしょう。

なお、様式第9号における記載事項のうち、「事業の種類」、「事業の名称」、「事業の所在地（電話番号）」、「労働者数」以外の事項が同一であれば、本社の使用者が本社以外の事業場の協定届を一括して本社所轄の労働基準監督署長に届け出ることができます（平15・2・15　基発第0215002号、平31・4・1　基発0401第43号）。

新操業する工場での時間外労働 本社の三六協定で対処可能か

Q6 当社では、新型コロナウイルスの影響によってある製品の増産をしています。現在、東京都にある本社工場に加えて、埼玉県に支社工場を建設しており、今年9月中旬からの操業を目指しています。埼玉県の支社工場では増産のため、人員の半数を新規雇用として、操業開始時から、時間外・休日労働をしてもらうことになりそうです。

そこでお聞きしたいのですが、支社工場で時間外・休日労働をしてもらうに当たっては、現在の本社工場の三六協定で対処できることはできるのでしょうか。

また、支社工場で新たに三六協定を締結しなければならないとしたら、協定の締結当事者は誰にすればよいのでしょうか。操業前には、支社工場には会社側の当事者もおりませんし、労働者もいないので、過半数代表者も選出できません。なお、当社には労働組合はございません。

〔東京・D社〕

....

A **新たに三六協定を締結する必要がある**
〔弁護士・加島幸法（森田・山田法律事務所）〕

三六協定は事業場ごとに締結する必要があり、本社工場と支社工場とは別個の事業場と考えられるため、支社工場の操業準

備期間など時間外・休日労働を開始する前に事業所の過半数代表者との間で三六協定を締結する必要があります。

1 三六協定の締結単位

三六協定は、事業場ごとに、各事業場の過半数労働組合又は過半数代表者との間で締結することが必要になります。

この点、三六協定の本社一括届出は認められていますが、本社一括届出をする場合であっても、三六協定の締結自体は事業場ごとに行う必要があります。

したがって、本社工場と支社工場とが別個の事業所と評価される場合には、本社工場の三六協定を支社工場に適用することはできず、支社工場において新たに三六協定を締結することが必要になります。

2 事業場の考え方

労働基準法上の「事業場」とは、工場、鉱山、事務所、店舗等のように一定の場所において相関連する組織のもとに継続的に行なわれる作業の一体をいうとされ、一の事業場であるか否かは主として場所的観念によって決定すべきものであり、同一場所にあるものは原則として一の事業場とし、場所的に分散しているものは原則として別個の事業場とするものであるとされています。また、場所的に分散しているものであっても、出張所、支所等で、規模が著しく小さく、組織的関連、事務能力等を勘案して一の事業場という程度の独立性がないものについては、直近上位の機構と一括して一の事業場として取り扱うものとされています。

この点、本件では、本社工場は東京都にあり、支社工場は埼玉県にあるということですので、支社工場の規模、本社工場との組織的関連、事務能力等は不明ですが、場所的観念から評価すれば、基本的には支社工場は本社工場とは別個の事業所と扱われるものと考えます。

　したがって、原則として、本社工場の三六協定を支社工場に適用させることはできず、支社工場において、新たに三六協定を締結する必要があります。

3　実務対応

　上記のとおり、本社工場の三六協定を本社工場とは別個の事業場である支社工場に適用することはできませんので、支社工場において新たに三六協定を締結することが必要になります。

　ご質問では支社工場の操業開始時から時間外・休日労働を実施する予定とのことですが、工場の操業開始前に操業準備期間が設けられ、操業準備期間から事業場としての実態が存在していることが一般的ですので、実務的には、当該操業準備期間に配属された労働者の過半数代表者との間で三六協定を締結することが考えられます。

　そのような準備期間が設けられない場合などには、操業開始日の朝礼時などに過半数代表者の選出を経て、三六協定の締結、労働基準監督署への届出までを当日中に行うことでも、法的には問題ありません。

　いずれの場合であっても、会社として労使協定締結権限を有する者と支社工場に配属された労働者の過半数代表者との間で

三六協定を締結することになります。

　なお、三六協定は、労働基準監督署への届出が効力要件とされているため、時間外労働・休日労働を行わせる前に、三六協定を締結するだけでなく、労働基準監督署への届出を行う必要がありますので、注意が必要です。

派遣先の協定時間超えて残業できるか

Q7 派遣労働者の時間外労働に関しておたずねします。当社では新たに社内に情報整理部門を設け、事業の効率化を図ろうと考えており、情報処理の業務は派遣会社より労働者の派遣を受けることを検討しています。

派遣労働者には１カ月程度の期間、集中的に業務を行わせたいので、１日８時間の所定労働時間のほか、毎日３時間ぐらい、月に50時間程度残業をしてほしいのですが、当社では１日２時間、１カ月30時間の範囲でしか時間外労働の労使協定を結んでおりません。こういうケースでは、派遣労働者を予定どおりの時間で残業させることができないでしょうか。

A 派遣労働者の残業は派遣元の協定時間による

労働基準法は、労働時間について、法定労働時間を原則として定めながら、非常災害時または公務のための時間外労働、労使協定（いわゆる三六協定）による時間外労働など（第33条、第36条）を認めています。派遣労働者は、派遣元事業主との労働契約に基づいて労働義務を負うものであり、その労働条件は、派遣元事業主との間で就業規則、労働契約などにより決められます。一方、具体的な就労にあたっては、労働者派遣契約に基

づき、派遣先の指揮命令を受けて労働することとなります。

　したがって、派遣労働者の労働時間については、その枠組みの設定に関する事項は、労働条件の一部として、派遣元事業主と派遣労働者との間で定められ、一方、派遣労働者の派遣先事業場における具体的な労働時間の決定などについては、派遣契約に基づき派遣先事業主が指揮命令の一環として行う権限を有することとなります。

　このことから、労働者派遣法では、派遣元事業主と派遣先事業主は、それぞれの権限に応じて労働基準法上の労働時間に関する義務を負うこととされています。

　すなわち、派遣労働者の労働時間の枠組みの設定に関する事項である三六協定の締結・届出については派遣元事業主が行うこととし、それ以外の現実に就労させる場合の労働時間に関する労働基準法上の義務は、派遣先の使用者に負わせることとしています（労働者派遣法第44条第2項）。

　以上からおわかりのように、派遣労働者についての三六協定の締結・届出は、貴社でなく、派遣元事業主が行うこととされていますので、派遣労働者に何時間の時間外労働をさせられるかは、派遣元事業場における三六協定によることとなり、貴社の三六協定における時間外労働を行わせる時間の限度に拘束されることはありません。他方、貴社において三六協定が締結・届出されていない限り、貴社が派遣労働者に時間外労働を命ずることはできません。

　すなわち、貴社が派遣労働者に時間外労働を行わせるために

は、派遣元事業主において当該派遣労働者と三六協定が締結され届け出られていることが必要となります。

　また、貴社と派遣元事業主との間の労働者派遣契約において、派遣労働者に時間外労働をさせることがある旨の定めをすることが必要で、この契約に基づいて実際に派遣労働者に対し、派遣元における三六協定の枠内での時間外労働を行わせることができることとなるのです。

　貴社のケースについて具体的に説明しますと、まず、派遣元会社と労働者派遣契約を締結するに当たって、派遣労働者に時間外労働・休日労働を行わせることがある旨の定めおよび時間外労働の時間数や休日労働の日数の上限についての定めを労働者派遣契約に盛り込むことが必要となります（労働者派遣法第26条、同法施行規則第22条）。これを受けて派遣元事業主は、派遣労働者に対して時間外・休日労働があること、また、延長することのできる時間の上限に関する事項を、就業条件明示書で明示しなければなりません。これらの要件を満たせば、貴社は、労働者派遣契約における就業条件の範囲内で、かつ、派遣元事業場で締結した三六協定の範囲内で適法に時間外労働を行わせることができます。

三六協定の自動更新証明、郵送でよいか

Q8　当社は、従業員50人の家具製造販売業です。従業員35人で組織する労働組合があります。

毎年、年末の忙しい時期を前に組合との間で三六協定を締結しているのですが、昨年から協定の中に自動更新規定を入れました。今年も、昨年の協定内容で自動更新される見込みですが、更新のたびごとに労働基準監督署への届け出は必要ですか。

また、必要だということであれば、この届出を郵送することはできないのでしょうか。郵送で構わなければ大変助かるのですが、郵送の場合の効力についてお教えください。

A　三六協定ともども郵送で足りる

時間外・休日労働をさせるに際し、労働基準法第36条は、時間外・休日労働に関して労働者の過半数を占める労働組合もしくは労働者の過半数を代表する者との書面による協定を結び、その内容を所轄労働基準監督署長へ届け出なければならない旨使用者に義務付けています。

ところで、ご質問の場合は三六協定について自動更新規定を盛り込んだとのことですが、この場合でも行政官庁への届出はやはり必要です。届出は、同法施行規則第16条によって、「法

第36条第1項の規定による届出は、様式第9号（中略）により、所轄労働基準監督署長にしなければならない」とされていますが、自動更新の場合は「その旨の協定を所轄労働基準監督署長に届け出ることによつて、前2項の届出に代えることができる」とされていますので、更新時の届出は様式第9号でなくても構わないことになっています。

　また、通達ではこの届出について「本条（同法施行規則第16条）第3項は、協定を更新する場合における届出の手続を定めたものであるが、協定の有効期間について自動更新の定めがなされている場合においては、本条第3項の届出は、当該協定の更新について労使両当事者のいずれからも異議の申出がなかつた事実を証する書面を届け出ることをもつて足りる」（昭29・6・29 基発第355号、平31・4・1　基発0401第43号）とされています。この際の様式は、とくに定められたものはありませんので、任意の様式で足ります。

　ご質問後段につきましては、三六協定そのものを郵送することが認められていますので、自動更新の際の「異議の申し出がなかつた事実を証する書面」も郵送で効力がなくなるものではないと解されましょう。

三六協定ない工場へ配転、残業可能か

Q9 　当社は、玩具の製造・販売を行っております。今般、総合工場から成績が優秀な者を5人ほどパートタイマー中心のA工場に配転し、技術指導にあたらせようと思います。

　ところで、当社の労働組合は総合工場にあるだけで、過半数組合として三六協定の締結当事者になっています。配転される5人は総合工場労組の組合員ですが、彼らにはA工場の中心的な立場で働いてもらおうと考えていますので、時間外労働も結構多くなると推察されます。この場合、総合工場の三六協定がそのまま効力を持つのでしょうか。あるいは、A工場で新たに締結しなければならないのですか。

A　新たに協定結ばない限り不可能

　三六協定は、事業場単位で締結しなければならないとされていますが、この「事業場」とは、労働基準法第9条に規定されている労働基準法の適用単位となる事業場のことです。解釈例規は「事業とは、工場、鉱山、事務所、店舗等の如く一定の場所において相関連する組織のもとに業として継続的に行われる作業の一体をいうのであつて、必ずしもいわゆる経営上一体をなす支店、工場等を総合した全事業を指称するものではないこと」

本社

本社の協定じゃダメ？

協定のなかった工場

パートタイマー

工場の協定を新たに結ばないといけません！

三六協定を結んでいる組合員が配転したからといって
配転先で三六協定がなければ時間外労働等はできない

（昭22・9・13 発基第17号、昭23・3・11 基発第511号、昭
33・2・13 基発第90号、昭63・3・14 基発第150号、平11・
3・31 基発第168号）としており、さらに「場所的に分散して
いるものは原則として別個の事業とする」としています。また、
同一の場所にあっても、極端に労働態様が違う場合や従業員の
労務管理が部門別に明確に区別されている場合などは、部門別
に単一の事業として扱われます。

　こうしてみますと、貴社のケースでは、総合工場とＡ工場は
それぞれ単一の事業場であり、三六協定は工場ごとに結ばなけ
ればならないということになります。ご質問の配転される従業
員は、総合工場の労働組合員であるとのことから三六協定の拘
束力についての疑問を生じたようですが、三六協定の拘束力は、

　当該事業場の全労働者に効力を持つものであって、他の事業場にまで効力を持つものではありません。

　つまり、配転される従業員が三六協定を締結した労働組合の組合員だからといって、その効力が配転先の事業場にまで及ぶということはないわけです。あくまでも、事業場単位でとらえるのですから、時間外労働を行わせるケースが出る以上、A工場で新たに三六協定を締結する必要があるわけです（ただし、総合工場の三六協定が労働協約の場合は、協約として組合員に適用される場合があります。）。

　なお、これまで、A工場においては三六協定が締結されていなかったと推察されますが、ということは、A工場においては時間外労働は皆無だったということなのでしょうか。三六協定が締結されておらず、時間外労働が行われていたというのであれば、それは違法な時間外労働ということになります。早急に三六協定の締結が必要ということになります。

三六協定での労働者側の締結
当事者嘱託再雇用の者でよいか

Q10 当社には、労働組合がなく、ここ数年、営業部の係長（仮にＡとします）が過半数代表者として、三六協定の労働者側の締結当事者になっていました。

Ａは、来月に60歳の定年を迎え、一旦退職して、引き続き嘱託として再雇用される予定です。なお、Ａが嘱託になってからの所定労働時間は、現在より２時間短い６時間となり、勤務も現在の週５日から週４日になる予定です。

そこでお聞きしたいのですが、Ａは皆からの信頼も厚く、また三六協定の締結当事者に推薦されることが考えられますが、三六協定の労働者側の締結当事者は、嘱託やパート、アルバイトなどフルタイム勤務の者でなくてもよいのでしょうか。

〔神奈川・Ｈ社〕

. . . .

A 適法な過半数代表者選任手続を経ていれば、
フルタイム勤務者でなくとも良い

〔弁護士・平田健二（安西法律事務所）〕

労基法上、過半数代表者については、管理監督者でないこと及び労使協定の締結等を行う者を選出することを明らかにして実施される投票、挙手等の方法による手続きにより選出された者であること、が要件とされており、いわゆるフルタイム勤務者であることが資格要件とされているわけではありません。し

たがって、適法な過半数代表者選任手続を経ていれば、嘱託等フルタイム勤務者以外の者を三六協定の締結当事者にすることは当然許されます。

1　過半数代表者について

⑴　過半数代表者の意義

使用者である会社がいわゆる三六協定等の労使協定を締結しようとする場合、事業場に所属する全労働者の過半数で組織する労働組合があれば当該組合を、過半数組合がなければ、過半数代表者（事業場における労働者の過半数を代表する者）を相手とする必要があります（労基法第36条第1項等）。

⑵　過半数代表者の選出方法等

ア　法令に定める要件

労基法施行規則第6条の2第1項は、過半数代表者について、以下のいずれにも該当する者であるとしています。

① 労基法第41条第2号に規定する管理監督者でないこと（労基則第6条の2第1項1号）。

ただし、任意貯蓄金管理協定、賃金控除協定、時間単位年休に関する協定、計画年休協定、年休日の賃金を決定する協定の締結において、①に該当する者がいない事業場では、管理監督者も過半数代表者になることができます（同条第2項）。

② 法に規定する協定等をする者を選出

することを明らかにして実施される投票、挙手等の方法による手続により選出されたものであって、使用者の意向に基づき選出されたものでないこと（労基則第6条の2第1項2号）。

このように、法令上、過半数代表者となる者の資格としては、管理監督者ではないこと以外の制限は特にありません。

　なお、過半数代表者は、事業場における労働者の過半数を代表する者を指しますが、「労働者の過半数」については、法律上、特段、母数となる労働者の範囲を制限する根拠はなく、当該事業場に使用されているすべての労働者の過半数との意味であり、正社員のほか、有期契約労働者、パートタイム労働者、そして派遣元事業主においては、雇用契約関係のある派遣労働者もこの「労働者」に含まれると解されます。

　イ　過半数代表者選任の瑕疵と労使協定の効力

　ここで、仮に上記「ア」で示した法定の過半数代表者の選任方法に瑕疵があるにもかかわらず、選任された過半数代表者との間で労使協定を締結した場合、その労使協定の効力は、どうなるでしょうか。

　結論としては、かかる過半数代表者との間で締結した労使協定は無効となるものと解されます。すなわち、労基法施行規則第6条の2第1項に違反する手続きは無効であり、これによって選出された過半数代表者は、協定の締結権限をそもそも有しないと解されるということです。

　この点、会社役員を含む従業員全員で構成される親睦団体の代表者が会社と三六協定を締結した事案について、労働組合でもない親睦団体の代表者が自動的に三六協定を締結したとしても、過半数代表者とはいえず、三六協定は無効であるとした判例があります（トーコロ事件・最高裁平成13年6月22日判決・

労判808号11頁）。

　そうすると、仮に過半数代表者の選任に法令上の瑕疵があった場合、会社が当該過半数代表者との間で三六協定を締結したとしても、法定労働時間を超える労働をさせることに関する免罰的効力は認められず、実際に時間外労働をさせた場合に労基法第32条違反となってしまうため、影響は非常に大きいものといえます。

２　ご質問のケースについて

　上記のとおり、三六協定の労働者側の締結当事者、すなわち過半数代表者となる者として、法令上、管理監督者ではないこと以外の制限はありませんので、ご質問で挙げられているような、嘱託再雇用の者を始めとする、パート・アルバイトなどいわゆるフルタイム勤務者ではない労働者であっても、過半数代表者となることは可能です。もっとも、選出に当たって、三六協定を締結する過半数代表者を選出することを明らかにして実施される投票、挙手等の方法による手続により選出されたものであって、使用者の意向に基づき選出されたものでないという要件（前記の②の要件）を満たす必要があることには変わりがありませんので、三六協定が無効とされてしまわないよう、その点は注意しましょう。

改正労基法による時間外の上限規制
転職前後で通算して適用か

Q11 　改正労働基準法による時間外労働の上限規制のうち、時間外・休日労働の合計が単月100時間未満（法第36条第6項第2号）及び時間外・休日労働の合計が複数月平均80時間以内（同項第3号）の制限については、厚生労働省の通達では、特定の労働者が同一企業内で転勤した場合、法第38条第1項（事業場を異にする場合の労働時間の通算）の規定により、転勤前後で通算して適用されるとしています。

　そこで、お聞きしますが、当社で中途採用した者が、前職で長時間労働を行っていた場合、前職での時間外・休日労働時間数も含めた実績で、この上限規制が適用されることになるのでしょうか。　　　　　〔東京・K社〕

****

A **転職の場合も労働時間は通算される場面がある**
　　〔弁護士・加島幸法（森田・山田法律事務所）〕

　時間外・休日労働にかかる労使協定で定めるところにより労働させる場合の実労働時間の上限については、前職での時間外・休日労働時間数を含めた実績で、規制が適用されることになります。

1　改正労働基準法が定める時間外・休日労働の上限規制は、労使協定で定める限度時間及び特別条項を設ける場合の延長時

49

間の上限規制（入口規制）と実労働時間の上限規制（出口規制）
があります。ご質問は実労働時間に関する上限（出口規制）に
関する内容ですが、前提の確認として、入口規制から確認して
いきます。

2　労働基準法が定める時間外・休日労働の上限規制のうち、
限度時間（法第36条第3項及び第4項）、特別条項を設ける場
合の延長時間（法第36条第5項）については、当該事業場にお
ける時間外・休日労働にかかる労使協定の内容を規制するもの
ですので、労働者を中途採用した場合、前職での労働時間は通
算されないことになります（「働き方改革を推進するための関
係法律の整備に関する法律による改正後の労働基準法関係の解
釈について」平成30年12月28日基発1228第15号では、「特定の
労働者が転勤した場合は通算されない」と指摘しています）。

3　ご質問の労働基準法が定める時間外・休日労働の上限規制
のうち、時間外・休日労働にかかる労使協定で定めるところに
より労働させる場合の実労働時間の上限（法第36条第6項）は
以下のとおり規定し、労働者個人の実労働時間を規制しています。

　使用者は、第一項の協定で定めるところによつて労働時間を
延長して労働させ、又は休日において労働させる場合であつて
も、次の各号に掲げる時間について、当該各号に定める要件を
満たすものとしなければならない。

一　略

二　一箇月について労働時間を延長して労働させ、及び休日に

おいて労働させた時間　百時間未満であること。

三　対象期間の初日から一箇月ごとに区分した各期間に当該各
　　期間の直前の一箇月、二箇月、三箇月、四箇月及び五箇月の
　　期間を加えたそれぞれの期間における労働時間を延長して労
　　働させ、及び休日において労働させた時間の一箇月当たりの
　　平均時間八十時間を超えないこと。

　このように、時間外・休日労働にかかる労使協定で定めると
ころにより労働させる場合の実労働時間の上限（法第36条第6
項）は、労働者個人の実労働時間を規制するものであるため、
法第38条第1項の労働時間の通算がなされるかが問題となりま
す。ご指摘されている「働き方改革を推進するための関係法律
の整備に関する法律による改正後の労働基準法の施行について」
（平成30年9月7日基発0907第1号）でも、「労働者が、自社、
副業・兼業先の両方で雇用されている場合には、その使用者が
当該労働者の他社での労働時間も適正に把握する責務を有して
おり、以下の(1)から(3)までの要件（筆者注：法第36条第6項各
号を指す）については、労働基準法第38条に基づき通算した労
働時間により判断する必要があること。」とし、「働き方改革を
推進するための関係法律の整備に関する法律による改正後の労
働基準法関係の解釈について」平成30年12月28日基発1228第15
号でも、「同条（筆者注：第36条）第6項第2号及び第3号の
時間数の上限は、労働者個人の実労働時間を規制するものであ
り、特定の労働者が転勤した場合は法第38条第1項の規定によ

り通算して適用される。」として、労働基準法第38条第1項の適用を指摘しています。

　この点、労働基準法第38条第1項は、「労働時間は、事業場を異にする場合においても、労働時間に関する規定の適用については通算する。」と規定していますが、この「事業場を異にする場合」とは、事業主を異にする場合をも含むとされています（昭和23年5月14日基発第769号）。

　したがって、労働者を中途採用した場合、時間外・休日労働にかかる労使協定で定めるところにより労働させる場合の実労働時間の上限は、前職の労働時間を算出して考えなければならないことになります。

4　以上のとおり、時間外・休日労働にかかる労使協定で定めるところにより労働させる場合の実労働時間の上限規制（出口規制）においては、前職の労働時間が通算されることになりますので、労働者を中途採用する際には、労働者の安全配慮の問題の観点をも含めて、前職での労働時間数を申告させておくことが重要になってくると考えます。

改正労基法による時間外労働の上限規制
建設業は適用除外か

Q12 働き方改革関連法による労働基準法改正により、現行の時間外労働の限度基準告示による上限時間が法律に格上げされ、三六協定の特別条項についても法律上の上限が設定されるという新たな時間外労働の上限規制が設けられるということです。当社は、建設業ですので、この時間外上限規制は適用除外と聞いたのですが、改正法施行後も、これまで通り、月45時間の上限時間や特別条項による上限は適用されず、従来通りの取扱いで問題ないと考えてよいのでしょうか。 〔東京・Ｈ社〕

A 建設業への上限規制の適用は５年間猶予
〔弁護士・平井彩（石嵜・山中総合法律事務所）〕

建設業は、時間外労働の上限規制の適用除外とはなりませんが、適用は５年間猶予されます。また、適用後も、災害時における復旧・復興の事業については、１箇月100時間未満、２箇月から６箇月平均80時間という規制は適用されないことになっています。

1 時間外労働の上限規制の概要

2018年６月29日に成立した改正労基法（以下、「改正法」といいます。）では、時間外労働の罰則付き上限規制が定められました。現行制度下においては、１週40時間、１日８時間を超える時間外労働をさせる場合には、三六協定を締結しなければ

ならないとされていますが、時間外労働の上限時間数については、法的な拘束力のない「時間外労働の限度に関する基準」（いわゆる限度基準告示。平成10年労働省告示第154号）で定められており、限度基準告示の基準を超える時間外労働時間数を定めることも可能とされていました。

　しかし、今回の法改正により、時間外労働の上限は、1箇月45時間、年360時間を原則とし、臨時的な特別な事情がある場合で特別条項を締結した場合でも、年6回まで単月100時間未満（休日労働を含む）、かつ、年720時間以内でなければならなくなりました。加えて、特別条項を適用するか否かにかかわらず、単月100時間未満、かつ、2箇月から6箇月の各平均が80時間以内（いずれも休日労働を含む）でなければなりません。

　改正法は、大企業については2019年4月1日以降、中小企業については2020年の4月1日以降に締結する三六協定より適用されていますが、自動車運転の業務、建設事業、医師、鹿児島県及び沖縄県における砂糖製造業、新技術・新商品等の研究開発業務については、上限規制の適用が猶予ないし除外されます。

2　建設業への上限規制の適用猶予

　工作物の建設その他これに関連する事業（以下、「建設業」といいます。）については、改正法施行から5年間は、上限規制の適用が猶予されます。また、改正法施行から5年後に上限規制が適用されることになった場合でも、災害時における復旧・復興の事業については、前述した1箇月100時間未満という規制と、2箇月から6箇月平均80時間（いずれも休日労働を含む）

という規制は適用されません（ただし、将来的な適用除外の解除について引き続き検討されます）。

　また、時間外労働の上限規制の適用が5年間猶予される建設業の範囲については、改正労働基準法施行規則第69条第1項各号で、以下の通り規定されています。

1号：法別表第1第3号に掲げる事業

2号：事業場の所属する企業の主たる事業が法別表第1第3号に掲げる事業である事業場における事業

3号：工作物の建設の事業に関連する警備の事業（当該事業において労働者に交通誘導警備の業務を行わせる場合に限る。）

　このうち、同項第2号に規定する事業とは、「建設業に属する事業の本店、支店等であって、労働基準法別表第1第3号に該当しないもの」をいいます（「働き方改革を推進するための関係法律の整備に関する法律による改正後の労働基準法の施行について」平成30年9月7日基発0907第1号）。

　なお、建設コンサルタントや建築設計といった建設技術サービス業については、猶予の対象となる建設業には該当しません。

3　適用猶予期間の対応について

　上限規制の適用が猶予される2024年3月31日までの間は、改正法の上限規制の規定は適用されません。

　それでは、適用猶予期間は何もしなくて良いかというと、働

き方改革実行計画の工程表では、「建設業における長時間労働については、発注者との取引環境もその要因にあるため、関係者を含めた業界全体としての環境整備が必要」「5年後の施行に向けて、発注者の理解と協力も得ながら、労働時間の段階的な短縮に向けた取組を強力に推進する。」と記載され、下記の具体的な施策を示しています。

① 適正な工期設定や適切な賃金水準の確保、週休2日の推進等の休日確保など、民間も含めた発注者の理解と協力が不可欠であることから、発注者を含めた関係者で構成する協議会を設置するとともに、制度的な対応を含め、時間外労働規制の適用に向けた必要な環境整備を進め、あわせて業界等の取組に対し支援措置を実施する。

② 技術者・技能労働者の確保・育成やその活躍を図るため制度的な対応を含めた取組を行うとともに、施工時期の平準化やICTを全面的に活用したi-Constructionの取組、書類の簡素化、中小建設企業への支援等により生産性の向上を進める。

また、「労働基準法第36条第1項の協定で定める労働時間の延長及び休日の労働について留意すべき事項等に関する指針」第9条では、「限度時間が適用猶予されている事業・業務については、猶予期間において限度時間を勘案することが望ましい」との記載があります。

建設業は、長時間労働となりやすい業種ですので、上限規制の適用に備えて、上記のような労働時間の短縮に向けた取組を進めておく必要があるでしょう。

三六協定締結後に組合が過半数割れ 協定の効力どうなるか

Q13　当社では、毎年３月末に、当社の労働者の過半数で組織する労働組合と三六協定を締結しております。

　ところが、４月に組合員が３人減ることになりました。１人は昇進で管理職になり、２人は退職します。そして、３人減員することで、同組合の人数は、当社の労働者の過半数を割ってしまいます。

　そうしますと、三六協定の効力がなくなり、新たに労働者の過半数を代表する者と締結しなければならないのでしょうか。

　また、過半数労働組合が過半数を割ることで、実務上、他にどのような影響があるのかについても教えてください。

〔千葉・Ｋ社〕

....

A　有効に締結された三六協定は 引き続き効力を有する

〔弁護士・加島幸法（森田・山田法律事務所）〕

　三六協定の締結後、協定の相手方である労働組合が「労働者の過半数で組織する労働組合」との要件を満たさなくなったとしても、三六協定自体は有効期限の間は効力を有します。

労働基準法が定める労使協定締結に関する過半数労働組合
又は過半数代表者の要件は効力存続要件ではなく成立要件

1　労使協定の効力

　労働基準法は、労使協定について、事業場の労働者の過半数で組織する労働組合がある場合においてはその労働組合（過半数労働組合）、労働者の過半数で組織する労働組合がない場合においては労働者の過半数を代表する者（過半数代表者）と協定することを定めています（労働基準法36条、24条等）。

　この労働基準法が定めている労使協定の締結の相手方に関する過半数労働組合又は過半数代表者との要件は、効力存続要件ではなく、成立要件として定められています。そのため、三六協定を締結した労働組合が締結後に過半数労働組合の要件を満たさなくなったとしても、三六協定の効力は失われません。

　なお、事業場に過半数労働組合がなく過半数代表者との間で

労使協定を締結していた場合に、過半数代表者として選出された者が他の事業場に配転されたときや退職したときなどでも、上記過半数労働組合の場合と同様、三六協定の効力は失われません。

2　過半数労働組合でなくなったことによる影響

　上記のとおり、労働基準法は、事業場に過半数労働組合がない場合においては労働者の過半数を代表する者（過半数代表者）と労使協定を締結することとしています。

　労使協定の中には、そもそも法律上有効期限の定めを求めてない労使協定や有効期限を定めていたとしても有効期限満了までに長い期間が残っている労使協定もありますが、有効期限満了までに短い期間しか残っていない労使協定もありえます。

　上記のとおり、過半数労働組合との間ですでに締結している労使協定は有効期限内であれば効力を失うことはありませんが、有効期限が満了した後は、自動更新の定めを置いていた場合も含め、過半数代表者との間で新たに労使協定を締結する必要があります。

　過半数労働者の選出手続きについては、労働基準法施行規則6条の2に定められています。

　まず、過半数代表者は、
① 管理監督者でないこと（同条第1項第1号）
② 法に規定する協定等をする者を選出することを明らかにして実施される投票、挙手等の方法による手続により選出された者であること（同項第2号）

のいずれにも該当する必要があります。

　このうち②については、関係する通達を踏まえると、ａ）法に規定する協定等をする者を選出することを明らかにすること、ｂ）投票、挙手等の方法による手続により選出すること、ｃ）使用者の意向によって選出されたものでないことが必要になりますが、過半数労働組合との間で労使協定を締結する際には必要がない手続きですので、注意が必要です。

　なお、投票、挙手等の「等」については、労働者の話合い、持ち回り決議等労働者の過半数が当該者の選任を支持していることが明確になる民主的な手続きが該当するとされています。

　また、過半数代表者の選出手続きについて、事業場の状況によっては、過半数労働組合との間で労使協定を締結するよりも、時間的な制約も受けることがあります。そして、労使協定の締結が免罰要件や効力要件となっているものもあり、有効期限の満了までに新たに労使協定が締結できなかった場合には労務管理に影響が生じてきますので、労使協定の締結に向けてのスケジュール・手続きには注意する必要があります。

　さらに、労働者が過半数代表者であること若しくは過半数代表者になろうとしたこと又は過半数代表者として正当な行為をしたことを理由として不利益な取り扱いをしないようにしなければなりません（労働基準法施行規則6条の2第3項）。

　加えて、事業場内の労働組合が過半数労働組合に該当するか否かは事業場毎に判断する必要がありますので、事業場毎に対応を検討・判断する必要があります。

また、事業場内の人員の異動や退職により再度過半数労働組合が存在することになる場合もあり、新たに労使協定を締結するには過半数代表者ではなく過半数労働組合と労使協定を締結する必要がある場合もあり得ますので、労使協定の締結時点の状況に合わせて対応していく必要があることには注意が必要です。

有効期間の途中で上限時間数プラス 届け出可能か

Q14　改正労働基準法により、新たな時間外労働の上限規制が設けられました。当社では、有効期間を今年4月1日からの1年間とし、時間外労働の上限（原則）を1か月40時間・1年320時間、特別条項の発動により1か月80時間・1年500時間とする三六協定の締結を見込んでいます。

　そこでお聞きしますが、仮に、協定の届出後に、製品不具合への対応や機械トラブルの対応のため、協定による上限時間を超える可能性が出てきた場合に、原則的な上限時間数及び特別条項の上限時間数をプラスして、有効期間の途中で協定届を出すことはできるのでしょうか。

〔神奈川・Ｙ社〕

A　法律上は有効期間途中での協定届の 提出自体は可能と考える

〔弁護士・平田健二（安西法律事務所）〕

　三六協定の有効期間途中に、上限時間を変更して新たに三六協定を締結し、届け出ることそれ自体を禁止する法令上の定めは見当たりません。ただし、起算日を変更する内容は、36条の趣旨に反すると解されるおそれがないといえず、これに沿う行政解釈が出されていることにも留意すべきです。

1 時間外労働の上限規制について

　今般の労働基準法改正により、時間外労働の上限規制が罰則付きで立法化されました。ご質問のケースを検討する前提として、まず、この時間外労働の上限規制について、内容を確認していくことにします。なお、本稿では、今般改正された労働基準法（以下「労基法」）の条文を用います。

(1) 時間外労働・休日労働をさせるには

　労基法上、労働時間は原則として、1日8時間、1週40時間以内とされ（法定労働時間。労基法32条）、休日は原則として、毎週少なくとも1回与えることとされています（法定休日。労基法35条1項）。

　したがって、使用者である会社が、ある事業場において、法定労働時間を超えて、あるいは法定休日に労働者に労働をさせると、上記各条に違反することになります。

　適法に法定労働時間を超えて、あるいは法定休日に労働をさせる場合には、会社は、当該事業場における労働者の過半数で組織する労働組合（過半数労働組合）と、過半数労働組合が無い場合には、労働者の過半数を代表する者（過半数代表者）との間で労基法36条に基づく労使協定（以下「三六協定」）を締結し、所轄労働基準監督署長へ届け出る必要があります。

(2) 三六協定と上限規制

　このように、三六協定を締結・届出することで、時間外労働・休日労働をさせることが可能になります（なお、労基法36条は、労基法違反を免れる効果［免罰効］を生じさせるにとどまり、

会社が労働者に対して、業務命令として時間外労働・休日労働を命じるためには、就業規則等の労働契約上の根拠が必要です。）。

そして、今回の改正により、三六協定の締結・届出により行うことができる時間外労働の上限が、原則、月45時間・年360時間と定められました（労基法36条4項）。

また、臨時的な特別の事情があって労使が合意する場合（特別条項）には、労基法36条4項の時間をさらに超えて時間外労働が可能となりますが、①時間外労働は年720時間以内、②時間外労働と休日労働の合計が月100時間未満、③時間外労働が月45時間を超えることができるのは、年6か月以内、という上限が定められました（労基法36条5項）。

さらに、特別条項の合意がある場合であるか否かにかかわらず、時間外労働と休日労働の合計について、Ⅰ　三六協定の対象期間（1年間）において、月100時間未満、Ⅱ　2〜6か月の平均が全て1月当たり80時間以内、という上限も定められています（労基36条6項2号、同3号）。

⑶　罰則による規制

これらの規制に反して時間外労働・休日労働をさせると、罰則（6か月以下の懲役または30万円以下の罰金）が科される可能性があります（労基法119条1号）。

2　三六協定の有効期間と再締結

⑴　三六協定で定める事項

三六協定には、時間外労働又は休日労働をさせる期間（対象期間。労基法36条2項2号）、対象期間における1日、1か月

及び1年のそれぞれの期間について労働時間を延長して労働させることができる時間又は労働させることができる休日の日数（同4号）、協定の有効期間（労基法施行規則17条1項1号）、労基法36条2項4号の規定に基づき定める1年について労働時間を延長して労働させることができる時間の起算日（同2号）などを定める必要があります。そうすると、労基法は、三六協定の協定事項の内容を踏まえ、使用者に対し、対象期間における起算日から1年間の時間外労働・休日労働時間数を把握し、当該時間数が上限規制の範囲内に収まるように労働者の労働時間管理をすることを求めていると考えられます。

(2) 三六協定の再締結

それでは、三六協定の有効期間中に、上限時間を上乗せした内容で再度三六協定を再締結することはできるのでしょうか。この点、法令上、三六協定の有効期間中に、協定の再締結を禁ずる旨の定めはありませんので、有効期間中に、三六協定を再締結して届け出ることも、直ちに違法となるわけではないと考えます。

ただし、行政解釈では、三六協定の再締結により、起算日を変更することは、「時間外労働の上限規制の実効性を確保する観点から、法第36条第4項の1年についての限度時間及び同条第5項の月数は厳格に適用すべき」で、原則認められないとされており、やむを得ず起算日を変更する場合でも、当初の対象期間における1年の延長時間及び限度時間を超えて労働させることができる月数を引き続き遵守しなければならないとされて

いることも無視はできません（平成30年12月28日　基発1228第15号）。

3　ご質問のケースについて

　法改正直後であり、今後の議論によるところもありますが、有効期間中に、上限時間を法定の範囲内で上乗せする協定を再締結することは、法律に抵触するわけではないと考えます。

　ただし、再締結した協定の提出後も、当初の三六協定の対象期間における法定の上限時間数を超えることは、労基法36条4項、同条5項を潜脱するもので許されないと考えるべきでしょう。

協定更新を拒否、残業命令の効力どうなる

Q15 　三六協定のことについておたずねします。先日、当社が労働者の過半数を代表する者と結んでいた三六協定の有効期間が切れてしまいました。新たに協定の再締結を申し入れたところ、労働組合員の一部が「割増率を３割にしてくれなければ、締結はできない」といい出したため、困っています。

　当社には、労働者の過半数までに達していない労働組合があり、これまでは労働者の過半数を代表する者と書面を交してきたのですが、組合の方で３割を強硬に出してきたために再締結が危ぶまれている状態です。このような場合、三六協定は結べず、したがって時間外労働はさせられないということになるのでしょうか。　　　〔大阪・Ｍ社〕

....

A　更新しない限り残業させられない

　ご質問の場合、割増率について組合員の一部が問題にしているとのことですが、要は「過半数を代表する者」が再締結を拒否しているのかどうかが問題です。たとえ組合が反対していても、その過半数代表者さえ再締結に応じれば法の要請を満たしていることになるわけですから、組合の反対は直接的には斟酌する必要はありません。

　ただ、組合が再締結に反対しているということであれば、締結当事者である「労働者の過半数を代表する者」の選出にも当然影響するでしょうから、そういう意味ではやはり組合の意思を無視することはできないということになるでしょう。

　もちろん、協定の有効期間が満了し、失効したあとは、たとえ労働契約で使用者が時間外労働を命じ得ることになっていても、この場合の時間外労働命令は違法なものであり、もとより労働者はこの命令に従う義務などありません。そして、「有効期間満了後、改めて協定を締結するか否かは、労働者の自由である」（三越事件　昭26・12・28　東京地判）ということになります。

　したがって、ご質問の場合も、時間外労働を行わせることはできないことになります。

課長職以上なら時間外労働は
適用されないと考えてよいか

Q16 　当社では、課長職以上の管理職については、管理監督者として、時間外労働の割増賃金は支給しておりません。ところが、先日、他社の人事部にいる友人から、「課長職では管理監督者とは認められないから、時間外の割増賃金は必要」との指摘を受けました。

　当社としては、管理職手当も支給しておりますので、特に問題はないと思うのですが、いかがでしょうか。

〔神奈川・Ｓ社〕

A　経営者と一体的立場でなければ
　管理監督者に該当しない

　労働基準法第41条により、管理監督者については、同法の労働時間、休憩および休日に関する規定は適用されません。したがって、１日８時間、１週40時間を超えて労働させた場合でも、時間外労働の割増賃金は必要ありません。

　管理監督者について、行政解釈は、「一般的には、部長、工場長等労働条件の決定その他労務管理について経営者と一体的な立場にある者の意であり、名称にとらわれず、実態に即して判断すべきものである」（昭22・9・13 発基第17号、昭63・3・14 基発第150号）としています。

　したがって、課長職以上なら管理監督者であるとか、部長職

以上なら管理監督者であるというわけではなく、その者の権限や待遇などの実態から判断することになります。

　管理監督者に該当するか否かの判断基準を示した前掲行政解釈を簡単にまとめると、つぎの要件をすべて満たす者が管理監督者になるといえるでしょう。

① 　労働条件の決定その他労務管理について経営者と一体的な立場にある者
② 　労働時間、休憩および休日に関する規定の規制枠を超えて活動することが要請されざるを得ない重要な職務と責任を有し、現実の勤務態様も、労働時間などの規制になじまないような立場にある者
③ 　賃金の待遇面でその地位にふさわしい待遇がなされている者

　なお、③については、定期給与である基本給、役付手当などにおいて、その地位にふさわしい待遇がなされているか否か、ボーナスなどの一時金の支給率、その算定基礎賃金などについて役付者以外の一般労働者に比べ優遇措置がとられているか、といったことから判断することになります。しかし、優遇措置がとられていても実態のない役付者は該当しません。

　また、

（イ）都市銀行等
（ロ）都市銀行等以外の金融機関

（ハ）多店舗展開する小売業、飲食業等の店舗における管理監
　　督者の範囲

についても、その概念にあいまいな点があったため、前記の
観点から行政通達が発出されておりますので（（イ）昭52・
2・28 基発第104号の2、（ロ）昭52・2・28 基発第105号、
（ハ）平20・9・9 基発第0909001号、平20・10・3 基監発第
1003001号）、参考にされるとよいと思います。もっとも、基本
的なことは前述した点とほとんど差異はありません。

　つぎに、管理監督者に該当するか否かについての過去の裁判
例をみてみますと、従業員40人の工場の課長について、決定権
限を有する工場長代理を補佐するが、自ら重要事項を決定する
ことはなく、また、給与面でも、役職手当は支給されるが従来
の時間外手当よりも少なく、また、タイムカードを打刻し、時
間外勤務には工場長代理の許可を要していた場合、管理監督者
にはあたらないとしたもの（サンド事件 昭58・7・12 大阪地
判）があります。

　そのほかには、ファミリーレストランの店長について、コッ
クなどの従業員6〜7人を管理し、ウエイターの採用にも一部
関与し、材料の仕入れ、売上金の管理などをまかされ、店長手
当月額2〜3万円を受けていたとしても、営業時間である午前
11時から午後10時までは完全に拘束されて出退勤の自由はなく、
仕事の内容もコック、ウエイター、レジ係、掃除などの全般に
及んでおり、ウエイターの労働条件も最終的には会社が決定し
ているので管理監督者にはあたらないとしたもの（レストラン・

ビュッフェ事件　昭61・7・30 大阪地判）があります。

　本ケースについても、前記判断基準、裁判例に照らし、貴社の課長の実態からみて、管理監督者に該当するか否かを判断されるべきです。

育児・介護中の労働者には
時間外の上限は定められていますか

Q17 　育児・介護中の労働者には時間外労働の上限があるということですが、具体的には何時間になるのでしょうか。また、育児・介護中の労働者はすべてが対象になりますか。なお、当社は三六協定を結んでおります。

・・・

A 　**本人の申出により1カ月24時間、**
1年150時間まで

　育児や家族の介護を行う一定の男女労働者に対しては、時間外労働の制限が設けられています（育児・介護休業法第17条第1項、第18条第1項）。

　この制度は以下の場合、事業主は事業の正常な運営を妨げる場合を除き、その者を1カ月について24時間、1年について150時間を超えて法定時間外労働をさせてはならないというものです。

⑴　小学校就学前の子を養育している男女労働者

⑵　要介護状態（負傷、疾病または心身の障害により2週間以上にわたり常時介護を必要とする状態）にある対象家族（配偶者（事実婚の場合を含む）、父母（養父母を含む）、子（養子を含む）、配偶者の父母および労働者が同居し、かつ、扶養している祖父母、兄弟姉妹および孫）を介護している男女労働者が、時間外労働の制限を請求した場合

一定の育児・介護を行う労働者に対し、時間外労働時間数に
限度が設けられている

　ただし、育児や介護が必要な家族がいても、時間外労働の制
限が適用除外になる労働者もいます。なお、適用除外者とは、
育児と介護で若干違いますので、注意が必要です。

　育児を行う労働者で時間外労働の制限が適用除外になる労働
者は、つぎのいずれかに該当する場合です。

① 　日々雇用される労働者（期間を定めて雇用されている人は
　　請求できます）

② 　勤続１年未満の労働者

③ 　その他請求できないこととすることについて合理的な理由
　　があると認められる労働者

　③については、１週間の所定労働日数が２日以下の労働者と
なります。

つぎに、介護を行う労働者で時間外労働の制限が適用除外になる労働者は、以下のいずれかに該当する場合です。

① 日々雇用される労働者（ただし、期間の定めのある労働者が請求できることは育児の場合と同じです）

② 勤続1年未満の労働者

③ その他請求できないこととすることについて合理的な理由があると認められる労働者

　前記①～③の労働者については、育児の場合と同様、原則として適用が除外されているため、適用除外とするための労使協定の締結は必要ありません。

　つまり、家族の介護を行う労働者の時間外労働の制限の場合には、子の養育を行う労働者の時間外労働の制限とは異なり、配偶者が常態として対象家族を介護することができる労働者についても時間外労働の制限を請求することができるということです。

　なお、育児や介護を行う労働者が時間外労働の制限の運用を請求する場合には、労働者は、制度の適用開始予定日の1カ月前までに、事業主に対して、所定の事項を記載した書面を提出することが必要になります。

　この場合、1回の請求については、1カ月以上1年以内の期間でなければなりません。

　ただし、請求の回数に制限はありませんから、労働者は前記(1)、(2)のいずれかに該当する限り、同じ子の養育あるいは同じ家族の介護を理由に何度でも請求を繰り返すことが可能とされ

ています。

　また、労働基準法第41条に規定されている管理監督者等についても、育児・介護休業法上の時間外労働の制限の適用除外とされていないため、管理監督者等から請求があった場合には、事業主は、事業の正常な運営を妨げる場合を除き、時間外労働の制限を行わなければならないことに留意する必要があります。

第2章

変形労働時間・フレックスタイム制

フレックスタイム制導入の要件、方法は

Q18　　　当社の事務職は完全月給制としており、遅刻や欠勤で賃金をカットしていません。しかしながら、始業・終業時刻はあり守ってもらわなければ困るのですが、どうしても出勤が遅れがちになります。

　　そこで、事務職につきましてはこの際フレックスタイム制をとろうかと思うのですが、法律上の要件、方法についてご教示ください。　　　　　　　　　　　〔秋田・M社〕

A　清算期間など必要な事項を労使協定で定める

　フレックスタイム制とは、一定の決められた時間帯の中で、労働者が始業および終業の時刻を自由に選択して働くことができる労働時間制度をいいます。これは、労働者がその生活と仕事との調和を図りながら、効率的に働くことを可能とし、労働時間を短縮することを目的として考え出されたものです。

　たとえば、その一例を紹介しますと、8時から19時までの就業時間帯を設定し、そのうち11時から16時までをコアタイムとして全員が必ず出社して労働しなくてはならない時間帯とし、それ以外の8時から11時、16時から19時までをフレキシブルタイムとして、その時間帯の出退勤を労働者に自由に選択させる、といった制度です。

さて、このフレックスタイム制を採用する場合についてですが、労働基準法第32条の３では、つぎのような要件が定められています。同条では就業規則において始業および終業の時刻を労働者の決定にゆだねることを規定するとともに、労使協定で対象となる労働者の範囲、清算期間、清算期間中の総労働時間、その他厚生労働省令で定める事項を協定することが必要とされています。

　このため、フレックスタイム制を実施しようとするときには、第一にその適用対象者について就業規則において「始業及び終業の時刻は、労働者の自主的に決定するところによる」とした規定を設けることが必要です。

　また、就業規則には始業および終業の時刻を定めなければならないこと（同法第89条）とされていますので、労使協定の範囲内で清算期間や清算期間における総労働時間（１週平均40時間以内としなければなりません。）を定め、コアタイムやフレキシブルタイムで定める場合には時間帯も定めなくてはなりません。

　つぎに、労使協定においてフレックスタイム制の基本的枠組みを定めなくてはなりません。労使協定の締結当事者は、労働者の過半数で組織する労働組合、それがない場合は労働者の過半数を代表する者です。

　協定しなくてはならない事項は、以下に掲げる項目です。

①　対象となる労働者の範囲

②　清算期間──フレックスタイム制は、労働者の選択により
毎日の労働時間に長短があるため、一定の期間内で何時間働
かなくてはならないかを定めておく必要がありますが、労働
契約上労働すべき時間を定める期間を清算期間といい、その
長さは3カ月以内としなくてはいけません。

　　なお、労使協定または就業規則において、この清算期間の
起算日も明確にしなければならないこととされています。

③　清算期間における総労働時間──労働者が清算期間内に就
労しなくてはならない時間を明確にする必要があります。こ
の時間は、清算期間を平均し1週40時間（※特例措置対象事
業場は44時間（ただし、清算期間は1カ月が限度となります。））
の範囲内でなくてはなりません。

$$
\begin{array}{l}
40時間 \times \dfrac{清算期間の暦日数}{7} \\
(※44時間)
\end{array}
$$

④　標準となる1日の労働時間──年次有給休暇を取得した際
に支払われる賃金の算定基礎にもなりますが、単に時間数を
定めれば足りるとされています。

⑤　コアタイムやフレキシブルタイムを定める場合には、その
時間帯の開始および終了の時刻

⑥　協定の有効期間（清算期間が1カ月を超える場合：労働協
約による場合を除く）

また、清算期間が1カ月を超える制度を導入する場合には、労使協定には、労使協定を所定の様式（様式第3号の3）で、所轄労働基準監督署長に届け出なければなりません。

働き方改革法成立でフレックス制が改正　規制強化されるのか

Q19　当社では、管理部や企画部の社員にフレックスタイム制を適用しています。

　先日、働き方改革関連法の成立により、労働基準法のフレックスタイム制の規定も改正されると聞きました。実は、フレックスタイム制については、規制が緩和されるという話もあれば、労使協定の届出が必要になり規制が強化されるという話も聞きます。

　そこで、フレックスタイム制の改正内容について、教えてください。　　　　　　　　　　　　　　　〔千葉・H社〕

A　清算期間の上限の延長等が行われより柔軟な制度となった

〔弁護士・小川和晃（レクスペラ法律事務所）〕

　働き方改革関連法においては、労働基準法のフレックスタイム制の規定が改正され、①清算期間の上限の延長、②労使協定の届出義務の創設、③完全週休2日制における法定労働時間の計算方法の見直し、④労働をさせた期間が清算期間よりも短い労働者の時間外労働の取扱い──の定めが設けられました。

1　フレックスタイム制の改正内容

　働き方改革関連法においては、労働基準法の一部改正が行われ、フレックスタイム制について、より柔軟で利用しやすい制

フレックスタイム制の改正内容

①清算期間の上限の延長

②労使協定の届出義務の創設

③完全週休２日制における法定労働時間の見直し

④労働をさせた期間が生産期間より短い労働者の
  時間外労働の取扱い

１か月を超える清算期間を定める場合は労使協定を
所轄労働基準監督署に届出ることが必用となった

度へと見直しが行われました（以下、改正後の労働基準法を「新労基法」といいます）。

　具体的には、①清算期間の上限の延長、②労使協定の届出義務の創設、③完全週休２日制における法定労働時間の計算方法の見直し、④労働させた期間が清算期間よりも短い労働者の時間外労働の取扱い──の定めが設けられました。

２　①清算期間の上限の延長

　従来、フレックスタイム制の清算期間の上限は「１か月」とされていましたが、今回の改正により「３か月」に延長されました（新労基法32条の３第１項・第２項）。

　これにより、最長３か月の範囲内で事業の繁閑に応じて労働時間を配分することが可能になります。

　例えば、清算期間を1か月とした場合は、1か月の実労働時間が法定労働時間の総枠を超えても、超過分を翌月の総労働時間の一部に充てることはできず、超過分の労働時間について割増賃金を支払わなければなりませんでした。

　他方、清算期間を3か月とした場合には、超過分を3か月の範囲内で配分することが可能となり、月によって繁閑の差がある事業では有効に活用することができます。

　なお、清算期間の上限の延長に伴う改正として、1か月を超える清算期間を定めた場合には、1か月ごとに区分した各期間を平均した労働時間が1週間当たり50時間を超えない範囲内で労働させることができるとされました。

　したがって、前記の例のように3か月の清算期間を定めた場合であっても、1か月ごとに区分した期間を平均した労働時間が1週間当たり50時間を超える場合には、割増賃金の支払が必要となります。

3　②労使協定の届出義務の創設

　フレックスタイム制の要件として、一定事項を定めた労使協定の締結が必要ですが、これまでは所轄労働基準監督署への届出は要求されていませんでした。

　今回の改正により、1か月を超える清算期間を定める場合については、労使協定を所轄労働基準監督署に届出することが必要となりました（新労基法32条の3第4項）。

4　③完全週休2日制の法定労働時間の計算方法の見直し

　完全週休2日制の下でフレックスタイム制を実施する場合、

曜日のめぐりによって、１日８時間労働でも法定労働時間の総枠を超えることがあります。

　例えば、清算期間１か月の暦日数が31日、所定労働日数が23日になる月については、１か月の実労働時間が１日８時間×23日＝184時間となります。

　しかし、このような月についても、法定労働時間の総枠は、40時間×31日÷７日＝177.14時間となります。

　このため、１日８時間労働であっても、実労働時間（184時間）が法定労働時間の総枠（177.14時間）を超え、時間外労働が発生するという不都合が生じてしまいます。

　以上のような不都合を避けるため、行政通達では、一定の要件を満たす場合に特例の計算方法を認め、法定労働時間の総枠を超過する時間についても時間外労働として扱わないことを認めていましたが（平９・３・31 基発第228号）、要件を満たさないケースについてはなお不都合が残っていました。

　そこで、今回の改正では見直しが行われ、労使協定により、労働時間の限度について、清算期間における所定労働日数に８時間を乗じて得た時間とする旨を定めたときは、時間外労働として取り扱わないことが可能な計算方法が認められることになりました（新労基法32条の３第３項）。

5　④労働させた期間が清算期間よりも短い労働者の時間外労働の取扱い

　清算期間途中に入社や退社をした場合のように、労働させた期間が清算期間よりも短い労働者について、時間外労働に関す

る取扱いが定められました。清算期間が1か月を超える場合において、労働させた期間が清算期間より短い労働者については、その労働させた期間を平均し1週間当たり40時間を超えて労働させたときは、割増賃金を支払わなければなりません。

6　即対応しなければならないこと

　改正によって即対応しなければならないことは、まず、清算期間の上限の延長に伴い、清算期間の見直しの検討が必要かと思われます。

　1か月を超える清算期間を定めるか否か、定める場合には3か月の範囲内でどの程度に設定するかを検討する必要があります。

　そして、1か月を超える清算期間を定めることとした場合には、労使協定を所轄労働基準監督署長に届出なければなりません。

改正法でのフレックス制の清算期間
1カ月と2週間は

Q20 当社は、フレックスタイム制を採用しているのですが、働き方改革関連法によりフレックスタイム制が改正され、1カ月を超えて3カ月以内の清算期間でも行えるようになるということです。そこでお聞きしますが、3カ月以内であれば清算期間は1カ月単位ではなく、例えば1カ月と2週間等で定めることは可能なのでしょうか。また、清算期間全体では1週平均40時間以内でも、1カ月単位で1週平均50時間を超えた場合は割増賃金を支払う必要があると聞いたのですが、最後の月が1カ月未満の場合は、1カ月単位の1週50時間はどのようにみたらよいのでしょうか。　　　　　　　　〔東京・A社〕

・・

A 清算期間を「1カ月と2週間」と
定めることも可能
〔弁護士・岡村光男（岡村法律事務所）〕

　働き方改革関連法によってフレックスタイム制の清算期間の上限が3カ月に延長されました。3カ月以内であれば労使協定で自由に期間を定めることができるため、「1カ月と2週間」と定めることも可能。平均労働時間が50時間を超えるか否かを算定する際に、1カ月に満たない期間がある場合、その期間を平均して1週間当たりの労働時間を算定すべきこととなります。

1　フレックスタイム制とは

フレックスタイム制とは、労働者が柔軟に働くことができる仕組みの1つとして労働基準法において設けられている制度です。具体的には、一定の期間の総労働時間をあらかじめ定めておき、労働者がその範囲内で各日の始業及び終業時刻を選択して働くことにより、労働者がその生活と業務との調和を図りながら、効率的に働くことを可能とすることを目的としています（昭和63年1月1日基発1号、平成11年3月31日基発168号参照）。

厚生労働省の令和2年就労条件総合調査の結果によれば、フレックスタイム制を導入している企業は、全体の6.1%にとどまっています。フレックスタイム制がマッチするかどうかは業態や企業規模によって様々ですが、ワークライフバランスの観点からは今後もさらなる普及が望まれるところです。

2　フレックスタイム制の導入要件

働き方改革関連法による改正点についてご説明する前提として、まずは、フレックスタイム制を導入するための要件について確認しておきましょう。フレックスタイム制を導入するためには、法令上、以下の(1)(2)の要件を満たすことが必要とされています。

(1)　就業規則上の定め

就業規則等により、その労働者に係る始業及び終業の時刻をその労働者の決定にゆだねる旨を定めること。

(2)　労使協定の締結

当該事業場の労働者の過半数で組織する労働組合がある場合

においてはその労働組合、労働者の過半数で組織する労働組合がない場合においては労働者の過半数を代表する者との書面による協定により、次に掲げる事項を定めること。

① 対象とする労働者の範囲

② 清算期間（その期間を平均し１週間当たりの労働時間が労基法32条１項の労働時間を超えない範囲内において労働させる期間）及びその起算日

③ 清算期間における総労働時間

④ 標準となる１日の労働時間

⑤ コアタイムを定める場合には、その時間帯の開始及び終了の時刻

⑥ フレキシブルタイムに制限を設ける場合には、その時間帯の開始及び終了の時刻

3　働き方改革関連法による改正

(1)　改正内容の概要

働き方改革関連法（平成30年法律第71号）は、第196回通常国会において、平成30年６月29日に成立し、同年７月６日に公布されました。

これにより、労働基準法が一部改正され、フレックスタイム制の清算期間（上記２(2)②）の上限が次のとおり延長されました（平成31年４月１日施行）。

すなわち、これまではフレックスタイム制の清算期間については、「１箇月以内の期間に限る」とされていたため、たとえ月ごとに繁閑差があったとしても、労働時間のやり繰りができ

るのはあくまで1カ月の期間内に限られていました。

　これが、今般の改正により、「3箇月以内の期間に限る」と変更され（労働基準法32条の3第1項）、上限が3カ月に延長されたことによって、より柔軟でメリハリのある働き方が可能になるとされています。

　例えば、6月〜8月の3カ月の中で労働時間をやり繰りをすることも可能となるため、子育て中の親が8月の労働時間を短くすることで、夏休み中の子どもと過ごす時間を確保しやすくなるなどのメリットもあると言われています。

　なお、清算期間が1カ月を超える場合のフレックスタイム制の労使協定は、行政官庁に届け出る必要があります（同法32条の3第4項）。

⑵　清算期間について

　上記のとおり、今般の改正によって、清算期間は「3箇月以内の期間」を定めることができるようになりました。

　労務管理の観点及び労働者の理解のしやすさという観点からすれば、「1カ月」「2カ月」「3カ月」といった月単位の方が一般的にはスムーズな運用が可能になると思われます。もっとも、この点について、月単位でなければならないという規制は特にありませんので、ご質問のように、清算期間を「1カ月と2週間」と定めることも可能です。

⑶　50時間超に対する割増賃金

　仮に、1カ月を超える期間を清算期間として定めた場合には、その清算期間の各月（具体的には、当該清算期間をその開始の

日以後1カ月ごとに区分した各期間）において、1週間当たりの平均労働時間が50時間を超えた部分については、割増賃金を支払う必要があります（同法32条の3第2項）。

　例えば、「2カ月と2週間」を清算期間とした場合には、最後に「2週間」という期間が生じることになりますが、この場合には、この2週間を平均して1週間当たりの平均労働時間が50時間を超えるか否かを計算すべきこととなります。

フレックス制でコアタイムなくてよいか

Q21 フレックスタイム制度で、おたずねします。

　フレックスタイム制をとる場合は、労働基準法第32条の３あるいは厚生労働省令で定める事項について労使協定を結ぶこととされています。その中で、コアタイムを設ける場合にはコアタイムの開始、終了の時刻を定めなければならないとされていますが、たとえば１週間のうちある特定の日についてコアタイムを長くすることは可能でしょうか。

　具体的には、月火水についてはコアタイムを午前10時30分から午後３時30分とし、木金については午前10時から午後４時までとして構わないでしょうか。

　また、たとえばコアタイムを設けなければ、フレックスタイム制はとれないのですか。　　　　　〔山形・Ｆ社〕

A　法律上必ずしも設置要件とされていない

　労働基準法施行規則第12条の３は、同法第32条の３第１項第４号の「その他厚生労働省令で定める事項」を受けて、①標準となる１日の労働時間、②労働者が労働しなければならない時間帯を定める場合には、その時間帯の開始および終了の時刻、③労働者がその選択により労働することができる時間帯に制限

を設ける場合には、その時間帯の開始・終了の時刻、および協定の有効期間（清算期間が1カ月を超える場合：労働協約による場合を除く）の4事項を掲げており、したがってこれらについても労使協定に盛り込まなければなりません。

　ご質問は、週の各日によってコアタイムの開始あるいは終了の時刻を変えることができるかということですが、おたずねのように曜日によって異なるコアタイムの開始、終了の時刻を協定で定められる限り、労働基準法第32条の3に抵触するものとは考えられず、そのようなフレックスタイム制も有効といえましょう。

　これが、たとえば曜日によってフレックスタイム制をとったり通常の勤務制をとったりするような場合ですと法の要件には合致しませんが、単にコアタイムが曜日によって異なるということでは、フレックスタイム制本来の趣旨が損なわれるということはいえません。

　ただ、コアタイムを広げることによって、その開始、終了の時間が標準的な1日の労働時間の長さと接着するような場合ですと、本来のフレックスタイム制とはいえなくなりますので、注意が必要です。

　また、ご質問後段のコアタイムを設けないことの可否ですが、同法施行規則第12条の3第1項第2号は「労働者が労働しなければならない時間帯を定める場合には」としていますので、必ずしもフレックスタイム制の場合にコアタイムを設けることが制度上の要件とされているわけではありません。

　コアタイムがないということは、全部がフレキシブルタイムということになり、これはいうならばフリータイム制に近いということになりましょう。業務遂行上それでも構わないということであれば、そのような制度とすることも可能です。

フレックス制のコアタイムに遅刻する者 賃金減額してよいか

Q22 当社は、午前11時から午後3時までをコアタイムとするフレックスタイム制を導入して5年ほどになります。

実は、最近、コアタイムに度々遅刻する従業員（仮にAとします）がいて、管理職が何度か注意しているのですが、Aの遅刻は、いっこうに改まりません。

そこで、コアタイムに遅刻した場合には、その分の賃金を減額してもよろしいでしょうか。実は、そもそもフレックスタイム制では、遅刻や早退といった取扱いは通常あり得ないと聞いたこともあり、問題にならないか危惧しています。いっそ懲戒処分として減給した方がよろしいのでしょうか。 〔埼玉・G社〕

··

A 遅刻を理由とする賃金の減額はできない
〔弁護士・小川和晃（レクスペラ法律事務所）〕

フレックスタイム制においては、清算期間における総労働時間の労働をしていれば、遅刻を理由として賃金の減額をすることはできなません。もっとも、コアタイムの遅刻を懲戒処分の対象とすることは可能であり、懲戒処分として減給の制裁を加えることはできます。

1　「フレックスタイム制」とは

　フレックスタイム制とは、労働者が単位期間（清算期間）の中で一定労働時間数を労働することを条件として、労働日の始業・終業時刻を労働者の決定に委ねる制度です（労働基準法32条の3）。

　例えば、清算期間を1か月、清算期間中に労働すべき時間が160時間と定められた場合には、1か月に160時間労働すれば、労働日の始業・総業の時刻については労働者の選択に委ねられることになります。

　このようなフレックスタイム制は、労働者が業務と生活の都合によって、労働時間を按配することが可能となる制度であり、主に専門的裁量労働者や育児・介護を行う労働者にとって利用価値が高いと言われています。

2　「フレキシブルタイム」と「コアタイム」とは

　フレックスタイム制においては、労働者がその選択によって労働することができる時間帯を制限することができます（労働基準法32条の3第4号、同施行規則12条の3第3号）。

　これをフレキシブルタイムといい、例えば、「午前7時から午後7時まで」と定めた場合には、労働者は、始業および終業の時刻を午前7時から午後7時までの時間帯の中で自由に選択することができることになります。

　また、フレックスタイム制においては、労働者が必ず労働しなければならない時間帯（コアタイム）を定めることもできます（労働基準法32条の3第4号、同施行規則12条の3第2号）。

例えば、「午前10時から午後3時まで」をコアタイムと定めた場合、労働者は午前10時から午後3時までは勤務をしなければなりません。

　このようなコアタイムは、一般的には、労働者間の打合せや会議、一斉休憩の休憩時間などに用いられることが多いようです。

3　コアタイムの遅刻について賃金減額は可能か

　通常の労働時間制において遅刻・早退・欠勤があった場合には、ノーワーク・ノーペイの原則に従って、遅刻・早退・欠勤により労働しなかった時間に相当する賃金を減額することができます。

　しかし、フレックスタイム制は、労働者が自主的に始業・終業時刻を決める制度であり、清算期間の総労働時間を基準として過不足を清算する制度です。

　したがって、コアタイムに遅刻・早退・欠勤があったとしても、清算期間の総労働時間を満たす労働をしているのであれば、遅刻・早退・欠勤を理由とした賃金減額は行うことができません。

4　懲戒処分は可能

　もっとも、コアタイムは、労働者が必ず労働しなければならない時間帯として定められたものであり、労働者がコアタイムについても自由に遅刻・早退・欠勤することができるとすると、職場秩序を維持することができず、また、業務にも大きな支障が生じ兼ねません。

　通常、就業規則には、制裁に関する規定が定められており、懲戒事由として、遅刻過多や出勤不良等の職務懈怠が掲げられています。

　コアタイムの欠勤・遅刻・早退もこれらの懲戒事由にあたるのであれば、懲戒処分をすることは可能です。

5　貴社のご質問について

　前記3のとおり、コアタイムに遅刻したことを理由として、賃金を減額することはできません。

　したがって、貴社のAさんについても、清算期間の総労働時間を満たす労働をしているのであれば、コアタイムの遅刻を理由とした賃金減額をすることはできません。他方で、Aさんの労働時間が清算期間の総労働時間に不足する場合には、その不足時間に相当する賃金を減額することは可能です。

　もっとも、前記4のとおり、懲戒事由に該当する限り、コアタイムの遅刻を理由として懲戒処分をすることは可能です。

　Aさんについても、これまでに度々遅刻をしており、管理職が何度も注意をしても改まらないとのことですので、懲戒処分としての減給をすることも可能であると思われます。

　したがって、Aさんに対して賃金減額を講じるのであれば、懲戒処分としての減給によるべきです。

　ただし、減給の制裁には法律上の制限が存在し（労働基準法91条）、1回の遅刻については、平均賃金の1日分の半額以内でしか減給をすることができず、1賃金支払期に複数回の遅刻について減給をする場合には、減給の総額が当該賃金支払期の

賃金総額の10分の１以内でなければならないので、ご注意下さい。

フレックス制のコアタイムに45分の休憩
残り15分の休憩どうする

Q23 当社は、来年の４月から事務部門（現在の所定労働時間は７時間30分）にのみコアタイムを午前10時から午後２時とするフレックスタイム制を導入することを検討していますが、休憩時間をどう設定すればよいか迷っています。

　というのも、製造部門の休憩時間が正午から45分間となっていて、それに合わせて事務部門の休憩も同じ時間帯にしようと思うのですが、そうすると８時間を超えて労働した社員には、１時間の休憩を与える必要があるため、残りの15分をフレキシブルタイム中に与えなくてはなりません。残りの15分は各自が自由にフレキシブルタイム中にとるということでよろしいでしょうか。　〔兵庫・Ｃ社〕

A 製造・事務ともに休憩を１時間に拡大するという方法も
〔弁護士・小川和晃（レクスペラ法律事務所）〕

　フレックスタイム制を採用した場合でも、休憩は、労働基準法に従って与えなければならず、一斉休憩が必要な場合には、コアタイム中に休憩時間を設け、一斉に与えるようにしなければなりません。他方で、一斉休憩の原則の適用が除外されている事業、又は労使協定により一斉に休憩を与えない旨を定めて

いる場合には、休憩をとる時間帯を各労働者に委ねることも可能であり、フレキシブルタイム中に自由に休憩をとらせることも可能です。

1 休憩時間の原則

労働基準法上、1日の労働時間が6時間を超える場合は45分以上、8時間を超える場合には1時間以上の休憩時間を与えなければなりません（同法34条1項）。

もっとも、45分以上または1時間以上の休憩を連続して与えなければならないわけではなく、例えば、1時間の休憩を45分と15分の2回に分けて付与することも可能です。

そして、休憩時間は、原則として、一斉に与えなければなりません（同法34条2項本文。なお、一斉に休憩を与えなければならない範囲は、作業場単位ではなく、事業場単位とされています［昭和22・9・13 発基第17号］）。

もっとも、運輸交通業、商業、金融・広告業、映画・演劇業、通信業、保健衛生業、接客娯楽業及び官公署の事業については、一斉休憩の原則が適用除外とされています（同法40条1項、同施行規則31条）。

また、上記以外の事業でも、労使協定により一斉に休憩を与えない旨を定めることも可能です（同法34条2項ただし書）。

2 フレックスタイム制を採用した場合の休憩時間

フレックスタイム制を採用した場合であっても、休憩時間は、労働基準法に従って与えなければなりません（昭和63・3・14基発第150号）。

　すなわち、一斉休憩が必要な場合には、コアタイム中に休憩時間を設けた上、一斉に休憩を与えなければなりません。

　一斉休憩の原則の適用除外とされている事業や、それ以外の事業で労使協定により一斉休憩を与えない旨を定めている事業場については、休憩時間の時間帯を労働者に委ねることもできます。

　その場合には、就業規則等により、休憩時間の長さを定めるとともに、休憩をとる時間帯は各労働者に委ねる旨を記載すれば良いとされています（昭和63・3・14 基発第150号）。

３　貴社のご質問について

　前記１のとおり、１日の労働時間が６時間を超える場合は45分以上、８時間を超える場合には１時間以上の休憩時間を与えなければなりません。

　このため、所定労働時間が７時間30分であれば、休憩時間は45分で問題ありませんが、残業により１日の労働時間が８時間を超える場合には、少なくとも15分の休憩を追加で与えなければなりません。

　そして、前記２のとおり、フレックスタイム制を採用した場合も、休憩は、労働基準法に従って与えなければなりません。

　製造業である貴社は、一斉休憩の原則の適用除外にはあたりませんので、労使協定による定めがなければ、休憩は一斉に付与しなければなりません。

　しかも、前記１のとおり、一斉に休憩を与えなければならない範囲は、作業場単位ではなく、事業場単位です。

したがって、仮に製造部門と事務部門の作業場が別であったとしても、事業場が同一であるならば、休憩は、製造部門と事務部門で一斉に与えなければなりません。

　しかし、フレックスタイム制では、始業・終業時刻が労働者の決定に委ねられているため、１日の労働時間が８時間を超える時間帯が労働者によって異なり、それに伴い、追加の15分の休憩時間を与えるべき時間帯も異なります。

　したがって、フレックスタイム制の事務部門について、固定時間制である製造部門などとともに、追加の15分の休憩を一斉に付与することは、制度上困難ではないかと思われます。

　そこで、対応策のひとつとしましては、フレックスタイム制の事務部門について、労使協定により一斉に休憩を与えない旨を定め、休憩時間の時間帯を労働者に委ねるという方法があると思われます。

　この場合、労使協定では、「一斉に休憩を与えない労働者の範囲」や「当該労働者に対する休憩の与え方」を定めなければなりませんが（同施行規則15条１項）、労働者の範囲を事務部門に定めた上、休憩時間の長さのほか、休憩をとる時間帯は労働者に委ねる旨を記載すれば足ります。

　また、別な方法としましては、休憩時間の一斉付与を維持した上、製造部門・事務部門ともに、休憩時間を45分から１時間に拡大するという方法もあると思われます。

　あらかじめ１時間の休憩を与えておけば、残業により労働時間が１日８時間を超えたとしても、追加で休憩時間を与える必

要はありません。

　また、例えば、正午から午後1時までのようにコアタイム中に休憩時間を設ければ、製造部門とともに一斉に休憩を与えることも可能となります。

フレックス制での出張どうなる

Q24 　　当社は雑誌の編集製作を行っているのですが、編集部員を対象にフレックスタイム制をとるつもりでいます。

ところで、取材の関係で地方への出張もたびたびあるのですが、フレックスタイム制で勤務しているような場合は労働時間の計算をどのように行うのでしょうか。

やはり、出張業務についてもフレックスタイム制でなければならず、コアタイム以外は労働者の自由に任せなければならないのでしょうか。

....

A　コアタイム以外は拘束させ得ない

フレックスタイム制は、日々の労働時間の開始・終了時刻を労働者の自主的な決定にゆだねる制度です。このため、コアタイム除き労働者を時間的に拘束することはもちろん、始業時刻または終業時刻の一方を固定することも認められません。また、たとえば1週間のうち、月曜日から木曜日までをフレックスタイムとして、金曜日のみたとえば9時から17時までの通常勤務とするような混合の形態も、労働基準法第32条の3がフレックスタイム制を認めることとした趣旨に反すると解されています。

ですから、必ず就労しなくてはならないと就業規則で定めた

出張のケースでは標準労働時間を所定労働時間と
みなすことになる

コアタイム以外の時間を指定して労働させたり、フレキシブル
タイムの枠を超えて労働させたりすることは基本的にはできま
せん。業務の必要上から、どうしてもコアタイム以外に労働す
る必要がある場合には、その都度、労働者が自発的に労働する
のでなければなりません。

　フレックスタイム制の対象労働者が、出張する必要がある場
合についても、コアタイムを超えて労働する必要があるのであ
れば、労働者の自発性が前提となります。

　このように出張したようなケースで、労働時間の算定が困難
な場合には、労働基準法第38条の2第1項の「事業場外のみな
し労働時間制」の適用がありますが、同項の「所定労働時間」
については、フレックスタイム制の場合には労使協定で定めら

れている標準となる1日の労働時間となります。したがって、その日には、標準となる1日の労働時間労働したものとして取り扱うことになります。

フレックス制で早出を命じ得るか

Q25 　フレックスタイム制は、始業・終業時刻を本人の自由意思にゆだねる制度であることは承知しているのですが、そうすると業務上の必要から早出を命じることはできないということになるのでしょうか。

　また、同様に残業命令も出せないと考えるべきなのですか。

A　本人の納得得ない限り無理

　ご質問にもあるように、フレックスタイム制とは、始業・終業の両方の時刻を労働者の自由な決定にゆだねる制度をいうのですから、使用者が早出を命ずるということは、そもそもフレックスタイム制の趣旨と矛盾し、あり得ないことといえます。

　仮に、業務上の必要があって早出をする必要があるとしても、労働者が納得をし、かつ自発的な意思で早く出勤する場合でなければ、ご質問の趣旨で労働させることはできません。

　また、終業時刻についても労働者の自主的な決定にゆだねられているわけですから、管理職が残業を命ずるということもできません。早出の場合と同様に、労働者が了承し、自発的な意思の下に労働するということであれば可能です。

フレックスタイム制導入に
深夜業などの適用あるか

Q 26 　当社では現在、４月からフレックスタイム制の
導入を検討しています。

　清算期間が１カ月以内のフレックスタイム制の場合、時
間外労働は、１日・１週間ではなく、清算期間を通算して、
法定労働時間を超えた部分が時間外労働になると聞いてい
ます。

　そこで、おたずねしたいのですが、フレックスタイム制
における深夜業、休憩および年次有給休暇の取扱いはどの
ようにすればよいのでしょうか。

....

A　通常勤務と同様に適用され深夜業の割賃必要

　まず、深夜業についてですが、フレックスタイム制において
も深夜業の規定（労働基準法第37条第４項）の適用はあります。

　したがって、労働者が深夜業の時間帯（午後10時から午前５
時まで）に労働した場合には、２割５分（以上）増しの割増賃
金を支払わなければなりません。

　つぎに、休憩についてですが、休憩に関する規定（同法第34条）
も深夜業と同様、フレックスタイム制においても適用されます。

　したがって、労働時間が６時間を超える場合は少なくとも45
分、８時間を超える場合は少なくとも１時間の休憩時間を労働

時間の途中に与えなければなりません。

　ところで、休憩時間付与に関して注意しなければならないのは、フレックスタイム制においても、「一斉休憩の原則」は適用されるということです。

　そうしますと、始業・終業の時刻を労働者の決定にゆだねるというフレックスタイム制の要件を満たし、かつ、一斉に休憩を付与するためには、コアタイムを設け、コアタイム中に休憩時間を設定し、一斉に休憩を付与するようにしなければならないということになります。

　なお、運輸交通業など一斉休憩の規定の適用が除外されている業種、あるいは、それ以外の業種で労使協定で定めた場合には、休憩時間をとる時間帯を労働者にゆだねることもできます。

　この場合には、就業規則において休憩時間の長さを定めるとともに、その時間帯は労働者にゆだねる旨規定すればよいわけです。

　つぎに、年次有給休暇についてですが、フレックスタイム制において労働する者が、年次有給休暇を取得した場合には、その日は労使協定で定めた標準となる1日の労働時間労働したものとして取り扱うことになります。

　したがって、年次有給休暇を取得した場合、清算期間の実労働時間に、7時間なり8時間なり協定で定めた標準となる1日の労働時間分を加算することになります。

　なお、フレックスタイム制の場合、年次有給休暇の発生要件の1つである8割出勤の算定については、出勤率は労働日単位

でみることとされていますので、たとえば、1日のうちコアタイムはすべて欠勤し、フレキシブルタイムに一部労働した場合であっても、その日は出勤として取り扱わなければなりません。

1カ月単位の変形労働時間制、労使協定必要か

Q27　変形労働時間制で、おたずねします。
　労働基準法上の各種の変形労働時間制を採用する場合には、労使間で協定を結ぶことが要件とされているものが多いようですが、1カ月単位の変形労働時間制を採用する場合でも労使協定が必要なのでしょうか。

　また、就業規則での規定にあたっての留意点を教えてください。

A　労使協定または就業規則等のいずれかでよい

　1年単位の変形労働時間制や1週間単位の非定型的変形労働時間制は、所定労働時間の短縮を前提として1週40時間とすること、労使協定を締結することなどを要件としていますが、1カ月単位の変形労働時間制では、労使協定または就業規則その他これに準ずるものにより、1カ月以内の一定の期間を平均して1週間あたりの労働時間が法定労働時間内である定めをすることが必要で、その定めによって特定の日、特定の週に法定労働時間を超えて労働させることができるというものです。

　また、1カ月を平均して1週の平均労働時間が法定労働時間を超えない範囲というのは、

$$40 \ (特例措置対象事業場の場合は44) \times \frac{1カ月の暦日数}{7}$$

で計算した時間内であればよいということです。

　１カ月を単位としますと、30日の月や31日の月がありますから、その月々によって総労働時間が違ってくることになります。

　たとえば、30日の月は

$$40 \times \frac{30}{7} = 171.4$$

ですから、１カ月で171.4時間まで労働させることができますが、28日の場合は、

$$40 \times \frac{28}{7} = 160$$

となりますので、160時間までしか労働させることはできないということになります。

　また、これは最長期間が１カ月ということですので、４週間単位で変形労働時間制を運用されても、もとより構いません。

　ただし、労使協定または就業規則などで規定する際は、同法施行規則第12条の２により必ず起算日を明示しなければならなくなっていますので、注意する必要があります。

　なお、以下に就業規則による規定例をいくつか示しておくことにします。つぎの例は、週の法定労働時間が40時間とされている事業で、月末が忙しい事業場の場合です。

第○条　労働時間は１カ月を平均し、１週40時間を超えない範

囲で次の通りとする。

⑴　毎月 1 日〜24日

始業 8 時、終業16時（実働 7 時間）

休憩　12時〜13時

⑵　毎月25日〜末日

始業 8 時、終業19時（実働10時間）

休憩　12時〜13時

第○条　休日は毎週土曜日、日曜日とする。

　こうした 1 カ月単位の変形労働時間制は、月によって労働時間の限度が変化しますから、 1 カ月ずつ所定労働時間を定める（たとえば、年間カレンダーなどのような形）か、毎月使える形を考えて、月の暦日数が何日であっても 1 カ月の法定労働時間の限度時間数を超えないように設定しなければなりません。つまり、28日の月の法定労働時間の総枠を超えない所定労働時間であれば、どの月でも対応できることになります。

　また、 1 年間の一定の期間だけ変形労働時間制を導入する場合には、つぎのようにその期間を特定しなければならないことになります。

第○条　毎年 3 月 1 日〜31日までの 1 カ月については、 1 週平均を40時間以内として、次の通りの労働時間とする。

⑴　3 月 1 日から24日まで

始業 9 時、終業17時30分（実働7.5時間）

休憩　12時〜13時

⑵　3月25日から31日まで

　　始業9時、終業19時（実働9時間）

　　休憩　12時〜13時

第○条　休日は日曜日、祝日のほか、第2、第3、第4、第5

　　土曜日とする。

　　この例の場合には、休日を日曜日と祝日のほかに、土曜日を
月3〜4日設定することで法定労働時間をクリアします。

1カ月単位なら日、週の上限ないか

Q28　1年単位の変形労働時間制をとる場合は、労働
基準法施行規則で1日、1週の労働時間の上限が
設けられているようですが、これは1カ月単位の変形労働
時間制の場合でも対象とされるのでしょうか。

　私どものところでは、以前から4週間単位で変形労働時
間制をしいていたのですが、1カ月単位のほうが賃金の計
算上便利な面もあり、今回1カ月のタームに変更しようか
と考えています。しかし、特定の曜日については12時間
に達するまで勤務してもらわなければならないのですが、
これは法に触れることになるのでしょうか。

A　週の平均が法定労働時間以内なら上限ない

　結論から申し上げますと、1カ月単位の変形労働時間制の場
合、特定の日にたとえば12時間働かせても労働基準法に触れる
ことにはなりません。同法第32条の2は、労使協定または就業
規則その他これに準ずるものにより、1カ月以内の期間を平均
し1週あたりの労働時間が法定労働時間を超えない定めをした
場合には、特定の週または特定の日に法定の労働時間を超えて
労働させることができる、としています。

　したがって、1カ月の1週平均労働時間が40（特例措置対象

1年単位の変形労働時間制には1日、1週、連続労働日数などの限度が設けられている

事業場にあっては44）時間以内で、かつ就業規則などで各週、各日の始業、終業時刻が定められていれば、それによって特定の日の労働時間が、1日8時間を超えても問題はありません。

　ご質問のケースのように、特定の日に労働時間が12時間になってしまう場合でも、1週平均の労働時間が40（または44）時間以内におさまっている限り適法なわけです。もちろん、仕事の生産能率や安全衛生の面などから、1日12時間に及ぶ労働時間が妥当であるかどうかは、別の問題として残るでしょう。

　おたずねの1日あるいは1週の労働時間の上限については、1カ月単位の変形労働時間制ではなく、労働基準法第32条の4に定められた1年単位の変形労働時間制の場合に適用されるものです。

　1年単位の変形労働時間制というのは、1年間を平均して1週の労働時間を40時間（特例措置対象事業場にあっても同じ）以内とし、かつ労使協定を締結して所轄労働基準監督署長に届け出る必要のある変形労働時間制です。

　そして、この場合は同法施行規則第12条の4により1日の労働時間は10時間以内、1週でも52時間以内（対象期間が3カ月を超える場合は48時間を超える週は連続3週以内で、かつ対象期間を起算日から3カ月ごとに区分した各期間において、48時間を超える週の初日の日数は3以下）とし、連続労働日数も6日が限度で、特定期間（労使協定で特に業務が繁忙な期間として定めた期間）については「1週間に1日の休日が確保できる日数」とされています。

　なお、積雪地域で年間を通じて事業を行うことができない地域の建設業に従事する屋外労働者等については、当面1日10時間、1週52時間の限度時間が適用されることになっており（同法施行規則第65条）、また、隔日勤務のタクシー運転手については、1日の限度時間は16時間が適用されることとなっています（同法施行規則第66条）。

　この場合の1年単位の変形労働時間制は、1カ月を超え1年以内の一定の期間の変形労働時間制も含まれますから、たとえば2カ月単位の変形労働時間制の場合もこれに該当し、前述した制限を受けることになります。

　しかし、これまで説明しましたように、1カ月単位の変形労働時間制の場合はこれらの制限は適用されません。

１カ月単位の変形労働時間制、労使協定と就業規則で要件異なるか

Q29　　労使協定を締結して１カ月単位の変形労働時間制を実施したいと考えております。

この場合、就業規則に規定して実施する方法とでは条件などに異なる点があるのでしょうか。また、どの点が異なるのでしょうか。

・・

A　労使協定では有効期間の定めが必要で協定の届け出必要

　１カ月単位の変形労働時間制を、就業規則その他これに準ずるものに記載して実施する場合と、労使協定を締結して実施する場合とでは、記載事項が若干異なっています。

　就業規則等に記載して実施する場合には、つぎの事項について規定することになります。

① 変形期間（１カ月以内）とその起算日（労働基準法施行規則第12条の２）

② 対象となる労働者の範囲

③ 変形期間中の労働日および労働日ごとの労働時間（変形期間を平均して、１週あたり法定時間内）

④ 各日の始業・終業の時刻、休憩時間、休日（勤務割表による場合は、その旨および勤務割表の作成時期、労働者への周知方法）

　労使協定で実施する場合は、労使協定には④の定めは不要で、その代わりに「協定の有効期間」の定めが必要となります（同施行規則第12条の2の2）。

　この場合、労使協定に前述の必要事項を定めたうえで、④については就業規則等に定めておくことになります。

　また、もう1つ異なる条件があります。労使協定で実施する場合は、その労使協定を所轄労働基準監督署長に届け出ることが必要となります。したがって、今回初めて1カ月単位の変形労働時間制を実施する事業場が、労使協定で実施する方法をとる場合は、労使協定を所轄労働基準監督署長に届け出たうえで、さらに、就業規則の変更の手続きもしなければなりません（同施行規則第12条の2の2第2項）。

１年の変形制、就業規則での定め不要か

Q30 労働基準法第32条の４は、過半数で組織する労働組合か労働者の過半数を代表するものとの労使協定があれば、１年単位の変形労働時間制の採用ができるとされています。

　ところで、同条では条文をみる限り特段就業規則による規定が義務付けられてはいないようです。１カ月単位の変形労働時間制を定める第32条の２では、明確に「就業規則その他これに準ずるものにより」とされていますが、１年単位の変形労働時間制の場合は就業規則での定めは不要と理解してよいのでしょうか。

A　同法第89条により就業規則中での特定義務負う

　１年単位の変形労働時間制というのは、週40時間労働制を前提として、１年以内の期間で変形労働時間制を認めるものです。

　１年単位の変形労働時間制を採用しようとする場合には、労使協定において、①対象労働者の範囲、②対象期間（１カ月を超え１年以内）、③１年以内の一定の期間を平均して１週の労働時間が40時間を超えない範囲内において、労働日および労働日ごとの労働時間を具体的に特定すること、④労使協定の有効期間を定めることが必要です（同法第32条の４第１項第１～５

号）。

　そして、前記のような労使協定を締結した場合には、その定めにより、特定された週または特定された日に1日または1週の法定労働時間（8時間または40時間）を超えて労働させることができます。

　ただし、前記の労使協定で定める労働時間の限度は原則として1日10時間以内、1週52時間以内（対象期間が3カ月を超えているときは48時間を超える週は連続3週以下で、かつ対象期間を初日から3カ月ごとに区分した各期間において、48時間を超える週の初日の日数は3以下）で、連続して労働させる日数の限度は6日、特定期間（労使協定で特に業務が繁忙な期間と定めた期間）には1週に1日の休日を付与することとされています。

　ところで、これらは、いずれも協定に関する事項であり、そのため、1年単位の変形労働時間制については就業規則にその旨を定める必要はないのか、という疑問が生じたものと思われます。確かに、同法第32条の4では労使協定の締結および届け出のみを法律上の要件としています。

　しかし、就業規則について定めた同法第89条は、「次に掲げる事項について就業規則を作成し、行政官庁に届け出なければならない。次に掲げる事項を変更した場合においても、同様とする」とし、その記載事項の第一番目に「始業及び終業の時刻、休憩時間、休日、休暇」を定めています。

　すなわち、1年単位の変形労働時間制を採用する場合にもこ

の規定の適用はありますので、1年単位の変形労働時間制の定めは労使協定による定めだけでは足りず、対象期間の長さ、対象期間での具体的な労働時間、対象労働者、対象期間の起算日（同法施行規則第12条の2）などについて、就業規則に定めることになるわけです。

　ただし、「労使協定の各条にそのまま就業規則の内容となりうるような具体的な始業、終業時刻が定められている場合」に限っては、就業規則で「1年単位の変形労働時間制が適用される者の各日の始業及び終業時刻は1年単位の変形労働時間制に関する労使協定による」旨の定めで足り、規則本体に各日の始業、終業時刻を明記しなくても差し支えないこととされていますが、この場合には「就業規則の中に引用すべき労使協定の条文番号を明記し、かつ、就業規則の別紙として労使協定を添付することが必要である」とされていますので、注意が必要です（平6・5・31 基発第330号）。

1年単位の変形労働時間制、
休日要件はどうなっているか

Q31 　当社では、現在1年単位の変形労働時間制を導入しようとしています。そこで、1日の所定労働時間は6.5時間とし、休日は週1回として年間カレンダーの作成を検討していますが、これでよいのでしょうか。休日の要件等について詳しく教えてください。

A　最低年間85日以上の所定休日が必要

　1年単位の変形労働時間制は、1年以内の期間を単位として労働時間を弾力的に設定できるもので、1年間をトータルで見て1週平均40時間以内を達成すればよいということになります。

　ただし、1年単位の変形労働時間制は、1日、1週に設定できる労働時間の限度、連続して労働させることができる日数の限度などさまざまな要件を課しています（労働基準法施行規則第12条の4など）。

　つまり、対象期間が3カ月を超える場合については、対象期間内に設定できる所定労働日数は、原則として1年あたり280日までとされています（同法施行規則第12条の4第3項）。対象期間が1年に満たない場合、たとえば対象期間が6カ月の場合では、「1年で280日」のちょうど半分ですから140日というように按分することになります。なお、計算上割り切れないと

きには、端数を繰り上げてしまうと限度を超えてしまいますから、端数を切り捨てて算出する必要があります。

　ただし、つぎの２つのどちらにも該当する場合には、１年あたり280日か、前の変形労働時間制による１年あたりの総労働日数から１日を差し引いた日数のいずれか少ない日数となります。

① 以前１年以内に、３カ月を超える変形労働時間制を実施していること

② 　１日の最長の所定労働時間か１日９時間のどちらか長い時間を定めるか、週の最長所定労働時間か週48時間のどちらか長い時間を超える時間を定めること

　さて、貴社では、１日6.5時間労働、週１回の休日を設定されているとのことですから、１年間を単純計算すると、52日程度の休日数ということになります。しかし、これでは法で定める所定労働日数（280日）を超えてしまいます（365日−52日＝313日）。つまり、逆にいえば、法をクリアするためには少なくとも85日の休日が必要ということです（365日−280日＝85日）。

　したがって、貴社が法をクリアするためには、年間52日の所定休日に加えて、最低あと33日以上の休日を設定する必要がありますから、年末年始や夏休み、祝日などの休暇によって、年間85日の休暇日数を設定することが必要です。

1年単位の変形労働時間制、
途中配転する者の労働時間はどう算定するか

Q32 　当社では、この4月から本社部門に1年単位の変形労働時間制を導入しています。このほど、本社総務部員を工場に配転させることになりました。この場合、1年単位の変形労働時間制の途中の退職者と同様に、割増賃金の支払いが必要になるのでしょうか。必要であるとすれば、この場合の割増賃金は、どのような計算方法をとるのでしょうか。

A 　1週平均40時間超なら割増賃金を

　労働基準法第32条の4の2では、途中入社などにより1年単位の変形労働時間制で規定した期間よりも、労働させた期間が短い労働者については、「当該労働させた期間を平均し1週間当たり40時間を超えて労働させた場合においては、その超えた時間（……）の労働については……第37条の規定の例により割増賃金を支払わなければならない」と定め、対象期間より短い期間労働した者についての清算を義務付けています。

　そのため、1年単位の変形労働時間制の対象期間の途中で配転などによりその事業場に勤務しなくなった者についても、労働時間の清算をしなければなりません。具体的には通達で「1年単位の変形労働時間制により労働させた期間における実労働

対象期間の途中の配転により、対象期間より短い期間勤務した者については、賃金の清算をしなければならない

時間から、法第37条第１項の規定に基づく割増賃金を支払わなければならない時間及び次の式によつて計算される時間を減じて得た時間」と示しています。そして「次の式」として

$$40 \times \frac{実労働期間の暦日数}{7}$$

が示されています（平11・１・29 基発第45号）。

　要するに実労働時間から、すでに時間外労働とされた時間を除き、さらにこの式によって求められた時間を引いた時間が、割増賃金が必要な労働時間ということになります。具体的には、実労働日数の暦日が105日で、すでに割増賃金を支払った時間を除いた総実労働時間数が610時間であった場合を例にとって計算してみますと、以下のようになります。

$$610 - 40 \times \frac{105}{7} = 10$$

　ですから、このケースでは10時間分について、同法第37条の規定の例により計算した割増賃金を支払うことが必要になります。

　ご質問のケースでは、本社部門で１年単位の変形労働時間制を導入しているということですから、本社部門で勤務した暦日数と実労働時間をもとに計算することになります。

1年単位の変形労働時間制で
閑散期のみ勤務した者の賃金カットできるか

Q33 当社は、4月から1年単位の変形労働時間制（年間の総所定労働時間は2,085時間で設定）を実施しているのですが、9月1日に入社した従業員（仮にA）が同月いっぱいで自己都合退職することになりました。

　当社の制度では、9月は閑散期のため、所定労働時間を月160時間（週平均約36時間）と、週平均40時間よりも少ない時間数で設定しており、Aは残業をしなかったので、結局、この所定労働時間だけ働いて退職することになります。

　このような場合、Aの賃金から週平均40時間を下回った分を差し引くことは可能なのでしょうか。なお、Aは月給制です。

A　**不就労ではないため月給制での減額は違法**

　労働基準法では、1年単位の変形労働時間制の対象期間の途中で入社した者や途中で退職した者など対象期間の一部しか労働しなかった者に対する賃金清算を義務付けています。

　具体的には、実際に勤務した期間の実労働時間のうち、週平均40時間を超える時間について、同法第37条の規定の例により、割増賃金を支払わなければならないというものです（同法第32

条の４の２）。

　この場合、月給制の労働者は、１週間あたり40時間を超えて労働させた時間のうち、時間単価分はすでに月給に含まれていることになりますから、実務的には、割増賃金部分（0.25）のみの支払いとなります。

　ご質問のＡさんの場合は、これとは逆に、実労働期間である９月の実労働時間が所定労働時間のみの160時間（週平均約36時間）となるため、実労働期間における週平均の実労働時間が40時間（総枠では171.4時間）を下回るということです。

　では、このような場合に、Ａさんの賃金から、実労働時間が週平均40時間を下回った部分を差し引くことができるのでしょうか。

　月給制は、その月に設定された所定労働時間の長短に関係なく、１カ月いくらという形で賃金額が決定される形態ですから、所定労働時間が長い月も、短い月も、同額の月給を支払う旨の労働条件が成立していることになります。

　このような月給制の下では、労働者はその月に設定された所定労働時間がどれほど短くても、その時間のすべてに勤務すれば労働契約によって労働義務が課された時間の100％を勤務したことになり、不就労はないわけですから、100％の月給を受け取る権利を有することになります。

　仮に、ご質問のような取扱い（所定労働時間の短い期間のみ勤務して退職する者などに対して週平均40時間を下回った時間分の賃金を支払わない）をするとすれば、賃金の決定は、実際は、

月給制のような月決めの形態ではなく、時間給など所定労働時間数によって額が決定されているものとみなさざるを得ません。

とすれば、週平均40時間を超える所定労働時間を設定した月には、当然、月給額は「週平均40時間の労働に対していくらと決められている額」よりも、週平均40時間を超える所定労働時間分だけ高くなっていなければなりません。そうでないとすると週平均40時間を超える所定労働時間が組まれていて、実際にその時間を働いたにもかかわらず、週平均40時間分の労働に対する賃金しか支払わないということになり、過少払いとなってしまいます。

行政解釈でも、このような取扱いを労使協定で定めることについて、「このような賃金の計算方法は、法違反を生じる可能性が極めて高いものであり、……違法となる場合が容易に想定される内容を含む労使協定を結ぶことはできない」としています（平11・3・31 基発第169号）。

中途退職なら1年変形の適用不可か

Q34　1年単位の変形労働時間制の適用対象者は1年間を通して雇用される労働者ということですが、中途で退職する者の取扱いはどうなるのでしょうか。

A　退職日が明らかなら1年変形の対象とし得ない

　ご質問の意味が2通り考えられますので、その両方についてお答えします。

　まず、第1点は、1年単位の変形労働時間制を実施するにあたり、その対象期間の中途で退職することがはっきりしている労働者をこの制度の下で労働させることができるか、という問題です。

　この点に関し、1年単位の変形労働時間制は「変形（編注：対象）期間の最初の日から末日までの期間使用する労働者に限られることから、期間雇用者であって変形（編注：対象）期間途中の退職が明らかである者が含まれないことはもとより、契約期間の定めのない者であっても変形（編注：対象）期間中に定年を迎える者は含まれず、配置転換等による変形（編注：対象）期間途中からの適用もできないものであること」（平6・1・4　基発第1号）と解されています。したがって、対象期間の末日の前日までに退職することがはっきりしている労働者に対

しては、1年単位の変形労働時間制を適用することはできません。

「対象期間の末日の前日までに退職することがはっきりしている労働者」とは、たとえば、①期間を定めた労働契約を締結しており、対象期間の中途で契約期間が満了する労働者、②定年到達により対象期間の中途で退職することが決まっている労働者、などが考えられます。これらの労働者については、原則どおりの労働時間制度で労働させることになります。

ただし、②の場合で、就業規則において労働者の希望により引き続き再雇用したり、継続勤務とすることが明確に規定されているような場合は、対象労働者として差し支えありません（平6・5・31 基発第330号）。

また、結果的には退職することとなっても、対象期間の開始時には中途で退職することが決まっていない労働者は、1年単位の変形労働時間制の対象にすることができます。

2点目は、対象期間の開始時には中途で退職することが予定されていなかったのに、結果的に中途で退職することとなった場合、変形労働時間制の組み方次第では、1週40時間を超える繁忙期のみを勤務して退職する結果となることも考えられます。この場合、この労働者に割増賃金の支払い等何らかの補償をする必要があるか、という問題が生じます。

これについては、労働基準法第32条の4の2では、「使用者が、対象期間中の前条の規定により労働させた期間が当該対象期間より短い労働者について、当該労働させた期間を平均し1週間当たり40時間を超えて労働させた場合においては、その超えた

時間（……）の労働については、第37条の規定の例により割増賃金を支払わなければならない」と定めています。

　割増賃金を支払わなければならない時間は、中途退職者等については退職等の時点において、つぎのように計算します。

　「1年単位の変形労働時間制により労働させた期間（以下「実労働期間」という。）における実労働時間から、法第37条第1項の規定に基づく割増賃金を支払わなければならない時間及び次の式によつて計算される時間を減じて得た時間

$$40 \times \frac{実労働期間の暦日数}{7}$$

」（平11・1・29　基発第45号）。

　なお、この割増賃金を支払わない場合は、同法第24条に違反することになります。

1週間単位の非定型変形制、 80人のホテルでとれるか

Q35 1週間単位の非定型的変形労働時間制について、お答えください。

当社は、従業員80人のホテル業ですが、ホテルや旅館業では、週の労働時間を40時間以下にし、書面による労使協定を締結して行政官庁に届け出れば、1日10時間まで勤務させることができるとのことです。

当ホテルで、この変形労働時間制を採用したとして問題ありませんか。

....

A 30人未満規模に限られ採用できない

1週間単位の非定型的変形労働時間制というのは、日ごとの業務に繁閑の差が著しく、かつその繁閑が定型的でないために原則的な変形労働時間制を採用することが困難な事業のために設けられたものです(労働基準法第32条の5)。

たとえば、旅館業などでは不意に団体客が投宿したり、または天候の具合などでキャンセルが生じたりなどして業務の繁閑に著しい差が生じることがあります。しかも、そのような事態は予測し難いため、あらかじめ就業規則などで各週、各日の労働時間を特定することが要件とされている原則的な変形労働時間制は採用し難いところです。

　そこで、このような事業でも忙しい日には比較的長く働き、そうでない日には短時間働くことにより、全体として労働時間を短縮しようという趣旨の下に創設されたのが、1週間単位の非定型的変形労働時間制です。

　しかし、この変形労働時間制は、どのような事業でも採用できるというものではなく、一定の業種および一定の規模以下に限って認められているものです。まず、1週間単位の非定型的変形労働時間制を採用しようとする事業は、同法施行規則第12条の5により小売業、旅館、料理店および飲食店のいずれかに該当していることが必要とされています。

　そして、その事業の常時使用する労働者数が、30人未満でなければならないこととされています（同法施行規則第12条の5第2項）。

　1週間単位の非定型的変形労働時間制を採用する場合には、この業種および規模の要件を両方とも満たしていることが必要です。

　したがって、貴社の場合は旅館業で業種は対象業種に含まれますが、労働者数が法定の30人以上であるため、1週間単位の非定型的変形労働時間制を採用することはできません。

1年単位の変形労働時間制で
振替休日の実施条件は

Q36 当社では、この４月から１年単位の変形労働時間制を導入しています。ところが、このほど所定休日の１日について、どうしても出社してもらわなければならない事情が生じてしまいました。１年単位の変形労働時間制の場合、休日を振り替えるにはいろいろ条件があると聞きました。どのような点に注意すればよいのでしょうか。

A　連続労働日数が６日以内などの範囲で

　ご質問では、１年単位の変形労働時間制を採用しながら休日の振替を行いたいとのことですが、同制度は使用者が業務の都合によって任意に労働時間を変更することがないことが前提ですから、業務の繁閑などの事情で振替を行うことは、制度の趣旨に反してできないといえます。

　ただし、労働日の特定時に予期しない事情が生じ、やむを得ず休日の振替を行うことも考えられます。このような場合、休日の振替はつぎの要件を満たすことが必要です。

①　就業規則で休日を振り替えることがある旨の規定を設け、あらかじめ休日を振り替えるべき日を特定して振り替えること。この場合、就業規則などに休日振替の具体的な事由と振

やむを得ない休日の
振替は可ですか？

就業規則で
規定を設けて！

経営者

1年単位の
変形労働
時間制

使用者が業務の都合によって任意に労働時間を
変更することがないことが前提です

り替える日を規定することが望ましい。

②　対象期間（③の特定期間を除く）においては、連続労働日
　　数が6日以内となること。

③　特定期間（労使協定で特に業務が繁忙な期間として定めた
　　期間）においては、1週間に1日の休日が確保できる範囲内
　　であること。

　休日の振替を行った結果、法定労働時間を超えるに至った場
合や法定休日が付与されなかった場合は、それぞれ時間外労働、
休日労働として扱わなければなりません（平6・5・31 基発
第330号、平9・3・28 基発第210号、平11・3・31 基発第
168号）。

１年のうち半年だけ変形労働時間制導入、時間外労働の上限は

Q37 当社では、業務の関係上、９月１日から２月末までの６カ月間だけ変形労働時間制を導入することになりました。それ以外の３月から８月までは通常の労働時間制度としています。

また、当社では毎年７月１日から１年間で三六協定を締結しています。この場合、１年単位の変形労働時間制の上限の１カ月42時間、１年320時間が適用になるのでしょうか。

A １年単位の変形労働時間制の上限基準が適用に

時間外労働の上限については、労働基準法（第36条第４項）では、１カ月45時間、１年360時間と定められています。

ただし、「第32条の４第１項第２号の対象期間として３箇月を超える期間を定めて同条の規定により労働させる場合にあつては、１箇月について42時間及び１年について320時間とする」と定められています。

以上のように、通常の労働時間制度よりも１年単位の変形労働時間制の方が短く定められています。このため、ご質問のように１年の中に３カ月を超える変形労働時間制度と通常の労働時間制度が混在している場合が問題になります。

　したがって時間外労働協定で一定期間として定められた１年間の中に、対象期間が３箇月を超える１年単位の変形労働時間制の対象期間が３箇月を超えて含まれている場合には、１カ月42時間、１年320時間が適用されることになります。

　ご質問のケースでは、７月１日からの１年間のうち９月１日から２月末までの６カ月間について変形労働時間制を導入するということですから、１年単位の変形労働時間制の時間外労働時間の上限である１カ月42時間、年間320時間が適用されることになります。

1年単位変形制を期間途中で廃止したい 割増賃金の清算方法は

Q38 当社では、昨年度から、複数の部署に1年単位の変形労働時間制を導入しています。ところが、昨年11月頃から業務量の増加と年次有給休暇の年間5日の付与義務のため、今年度初めに定めた休日を確保することが困難となりました。

そこで、労働組合に、今年1月末日までで1年単位の変形労働時間制を廃止したい旨を伝えたところ、なんとか了承してもらいました。

この場合、割増賃金の清算などを行う必要があると思うのですが、昨年4月から今年1月末日までの各日・各週について、所定労働時間内であるかどうかに関係なく、1日8時間、1週40時間を超えた時間を時間外労働と扱うことになるのでしょうか。 〔埼玉・E社〕

A そもそも1年単位の変形労働時間制の 途中廃止はできない
〔弁護士・小川和晃（レクスペラ法律事務所）〕

1年単位の変形労働時間制は、対象期間中の業務の繁閑に計画的に対応するために、対象期間を単位として適用されるものであるので、労使の合意によっても対象期間の途中でその適用を中止することはできないのが原則です。したがって、対象期

間が満了するまでは１年単位の変形労働時間制を継続せざるを
得ず、適用中止による賃金清算の問題は生じない。

1　１年単位の変形労働時間制

　変形労働時間制は、単位となる対象期間において、所定労働
時間を平均して１週間あたり40時間を超えない範囲で定めれば、
対象期間中の特定の日及び週の労働時間が１日８時間・１週40
時間の法定労働時間を超えたとしても、所定労働時間の限度で、
法定労働時間を超過した取扱いをしないという制度です。

　そして、１年単位の変形労働時間制は、対象期間を１か月を
超えて１年以内の期間とするものであり、使用者は、労使協定
により、対象期間を平均して１週間あたりの労働時間が40時間
を超えない範囲で定め、１週間に１日の休日を確保する等の条
件を満たした上で、労働日及び労働時間を特定した場合には、
法定労働時間の定めにかかわらず、特定の週及び日において１
週40時間・１日８時間の法定労働時間を超えて労働させること
ができます（労働基準法第32条の４）。

　これは、１年以内の対象期間中に業務の繁閑がある事業にお
いて、対象期間中の所定労働時間を不規則に配分することを認
め、それにより業務の繁閑に計画的に対応することを可能とす
る趣旨です。

2　途中退職者・途中採用者の賃金清算

　もっとも、１年単位の変形労働時間制においては、対象期間
が長期間となるため、対象期間の途中で退職する労働者や、対
象期間の途中で入社する労働者が生じることがあります。

このような場合、例えば、繁忙期にのみ在籍して途中で退職した労働者について、その在籍期間の労働時間が平均して１週間あたり40時間を超えていたにもかかわらず割増賃金が一切支払われないとすれば、労働者に大きな不利益が生じてしまいます。

そこで、労働基準法第32条の４の２は、１年単位の変形労働時間制により労働した期間が対象期間よりも短い労働者について、実労働期間を平均して１週間あたりの労働時間が40時間を超える場合には、同法第37条第１項の規定の例により割増賃金を支払わなければならないと規定し、賃金の清算により労働者に不利益が生じることがないようにしております。

3　ご質問について

貴社のご質問は、労使の合意により１年単位の変形労働時間制を対象期間の途中で廃止することを前提として、その場合には、前記２と同様、対象労働者について賃金の清算が必要になるのではないかという趣旨と思われます。

もっとも、１年単位の変形労働時間制は、対象期間中の業務の繁閑に計画的に対応するために、対象期間を単位として適用されるものです。

したがって、仮に労使の合意があったとしても、対象期間の途中でその適用を中止することはできないと解されています。

なお、厚生労働省は、「東日本大震災に伴う労働基準法等に関するＱ＆Ａ」において、労使の合意によって対象期間の途中に１年単位の変形労働時間制の適用を中止することはできないとしつつも、労使で話し合いを行った上で、１年単位の変形労

働時間制の労使協定を合意解約したり、協定を締結し直したりする余地を認めています。同様に新型コロナウイルス感染症の影響を受けている事業についても解約・変更を認めています。

　しかし、これは、東日本大震災や新型コロナウイルス感染症の影響によって被害が甚大かつ広範囲に及んでおり、当初の予定どおりに1年単位の変形労働時間制を実施することが企業経営上著しく不適当であるという特段の事情が存在するためと思われます。

　すなわち、少なくとも、貴社のように、業務の都合によって1年単位の変形労働時間制を途中廃止することまでも認める趣旨ではないと思われます。

　また、貴社の場合には、年次有給休暇の付与を考慮せずに変形労働時間制を定めたことも原因のひとつになっていると思われます。このような点からも、東日本大震災や新型コロナウイルス感染症を理由とするやむを得ない中止とは異なり、対象期間の途中で廃止することは認められないでしょう。

　以上のとおり、そもそも対象期間の途中で1年単位の変形労働時間制の適用を中止することは認められず、したがって、適用中止による賃金清算の問題も生じません。

　貴社におかれましては、まずは対象期間の満了まで1年単位の変形労働時間制を継続し、翌年度の制度内容や業務量の見直し、人員の増加等について、再度労働組合と協議をする必要があると思われます。

第3章

副業・兼業の促進に関するガイドライン

〔弁護士・外井浩志（外井（TOI）・鹿野法律事務所）〕

Q 39　副業・兼業の新ガイドラインは どのような内容を定めているのですか

A　副業・兼業ガイドラインには、労働者側のメリット、使用者側のメリットが指摘されています。労働者側のメリットとしては、退職せずに他の仕事のスキルや経験を得ること、本業の所得を生かしてやりたいことに挑戦できること、所得が増加すること、将来の起業・転職に向けた準備・試行ができること等が指摘できると示されています。

1　新副業・兼業ガイドラインの制定

　副業・兼業ガイドラインは、当初は平成30年1月に策定されました。その後、令和2年7月17日閣議決定の「成長戦略実行計画」により、副業・兼業の環境整備を行うために労働時間の管理方法のルール整備を図ることとされたことを踏まえ、令和2年9月に新ガイドラインが制定されました。

2　副業・兼業ガイドラインの目次

　副業・兼業ガイドラインの目次を見ると、その概要がわかります。

　目次の内容は次のようになっています。

「1　副業・兼業の現状

*㋕
P3
1

＊㋕「副業・兼業の促進に関するガイドライン」該当ページ
　令和2年9月改定（平成30年1月策定）

離職せずにスキルや経験を得たり、将来の起業・転職に向けた準備が可能。自己実現の追求や所得の増加も見込まれる

2　副業・兼業の促進の方向性

3　企業の対応

（1）基本的な考え方

（2）労働時間管理

（3）健康管理

4　労働者の対応

5　副業・兼業に関わるその他の制度について

（1）労災保険の給付（休業補償、障害補償、遺族補償等）

（2）雇用保険、厚生年金保険、健康保険」

その中心は、「労働時間管理」であることは明らかでしょう。

3　副業・兼業ガイドラインのメリット・留意点

ここでは、「2　副業・兼業の促進の方向性」において掲げら

㋕
P3
2

れている副業・兼業のメリット・留意点について紹介しておきましょう。

(1)　労働者におけるメリット・留意点

（メリット）

ガイドラインは、労働者のメリットとして、次の4つを挙げています。

① 　離職せずとも別の仕事に就くことが可能となり、スキルや経験を得ることで、労働者が主体的にキャリアを形成することができる。

② 　本業の所得を活かして、自分がやりたいことに挑戦でき、自己実現を追求できる。

③ 　所得が増加する。

④ 　本業を続けつつ、よりリスクの小さい形で将来の起業・転職に向けた準備・試行ができる。

（留意点）

ガイドラインとしては次の①〜③を留意すべき点を挙げています。

① 　就業時間が長くなる可能性があるため、労働者自身による就業時間や健康の管理も一定程度必要である。

② 　職務専念義務、秘密保持義務、競業避止義務を意識することが必要である。

③ 　1週間の所定労働時間が短い業務を複数行う場合には、雇用保険等の適用がない場合があることに留意が必要である。

(2)　企業におけるメリット・留意点

（メリット）

①　労働者が社内では得られない知識・スキルを獲得することができる。

②　労働者の自律性・自主性を促すことができる。

③　優秀な人材の獲得・流出の防止ができ、競争力が向上する。

④　労働者が社外から新たな知識・情報や人脈を入れることで、事業機会の拡大につながる。

（留意点）

必要な就業時間の把握・管理や健康管理への対応、職務専念義務、秘密保持義務、競業避止義務をどう確保するかという懸念への対応が必要です。

> **Q40**　副業・兼業のガイドラインには新旧が
> ありますが、新ガイドラインでは
> どのような内容が変わったのでしょうか

．．．

A　新ガイドラインでは、使用者の義務として、安全配慮義務を、労働者の義務として秘密保持義務、競業避止義務があることを明確にしています。また、労働者の本業と副業・兼業における労働時間の通算の方法や簡便な通算方法などを紹介しています。

1　新ガイドラインの改定点

　副業・兼業ガイドラインは、当初、平成30年1月に策定されたもの（旧ガイドライン）が、令和2年9月に改定されております（新ガイドライン）。

　これは、令和2年7月17日の閣議決定で「成長戦略実行計画」が策定され、その中で副業・兼業の環境整備を行うための労働時間の管理方法を整備することが方針として示され、それを受け、労働政策審議会の審議がなされ、労働時間の管理方法を中心として旧ガイドラインを大幅に追加改定したというものです。

2　企業に対応する各種留意事項の新設

　まず、信義誠実の原則（労働契約法3条4項）に基づく附随義務に関して留意すべき事項を定めています。

　使用者は、安全配慮義務（労働契約法5条）に基づき、副業・

兼業を含む労働者の全体としての業務の量、労働時間数を把握して適切な措置を講じることを求めます。

　次に、使用者は、労働者が負っている秘密保持義務や競業避止義務等の観点から、就業規則等において、一定の場合には副業・兼業を禁止・制限することができる旨を定めています。

3　労働時間の通算等の新設

　副業・兼業の最大の課題である労働時間の通算に関して、働き方改革関連法に基づく労基法の改正により時間外労働の上限規制等が設けられたこと等を踏まえ、副業・兼業における労働時間が通算される場合と通算されない場合を明記しました。

　さらに、労働時間の通算方法として、①副業・兼業開始前における所定労働時間の通算についての方法を設け、本業及び副業・兼業における所定労働時間を通算して法定労働時間を超える部分がある場合には、後から労働契約を締結した使用者の側の当該超える部分が時間外労働になること、②副業・兼業開始後における所定外労働時間の通算についての方法を設け、本業と副業・兼業の各所定外労働時間が行われる順に通算して、自らの事業場における法定労働時間を超える部分がある場合には、当該超える部分が時間外労働になる旨を明記しました。

4　簡便な労働時間管理の方法の新設

　3で述べた労働時間の通算の煩雑さを避けるための簡便な労働時間管理モデルの枠組を提示し、①導入手順、②労働時間の上限の設定、③時間外労働の割増賃金の取扱いに関して明記しています。

Q41 副業・兼業の場合に使用者は、労働者の健康管理・安全配慮を行わなければならないのでしょうか

A 使用者は安全配慮義務を負い、健康を害するおそれのある場合には、副業・兼業の禁止・制限を命じ得ること、②副業・兼業の状況についての報告をさせる方法を定めること、③労働者の健康状態に問題が認められた場合に適切な措置を講じること等を就業規則や契約書で定めるなどが考えられます。

1　使用者の負う安全配慮義務

　労働契約法5条は、「使用者は、労働契約に伴い、労働者がその生命、身体等の安全を確保しつつ労働することができるよう、必要な配慮をするものとする。」と安全配慮義務を定め、副業・兼業の場合には、その労働者を使用するすべての使用者がこの安全配慮義務を負っています。

　問題は、過労死・過労自殺のような労働時間が長く、疲労が蓄積して発症しやすくなるような疾病の場合です。そのような場合には、おそらく本業と副業・兼業とが競合して疲労が蓄積して脳・心臓疾患や精神疾患にいたる場合が考えられ、それぞれの使用者にとっては自分の事業場での労働は過重ではなく、他の使用者の事業場における労働が過重であるとも言いやすい状況になり、そのための責任回避の行動が行われることが予想

されます。

　このような事態にならないためには、労働者も副業・兼業を行うに当たっては、過重な労働にならないように自己健康管理を行うことになりますが、それぞれの使用者に対して他の使用者での業務がどのような実態になっているのかを報告しておかなければならないことになります。しかし、これは実際にはなかなか実行するのは難しいでしょう。

2　就業規則や労働契約の活用

　そして、使用者としては、就業規則や労働契約において、①長時間労働等によって労務提供上の支障がある場合には、副業・兼業の禁止や制限を命じることができるとの定めを置いておくこと、②副業・兼業の定めの際に、副業・兼業の内容について労働者の安全や健康に支障をもたらさないか確認するとともに、副業・兼業の状況の報告等について、労働者と話し合っておくこと、③副業・兼業の開始後に、副業・兼業の状況について労働者の報告等により把握し、健康状態に問題が認められた場合には適切な措置を講じることを定めておくことが必要と考えられます。

㋕
P6
3
(1)
ア
安全配慮
義務

Q42 副業・兼業の場合の労働者について、使用者としては秘密保持等の観点からはどのような規制を行うべきですか

A 労働者が副業・兼業を行う場合には、本業の営業秘密を漏洩してはならない義務とともに、副業・兼業先から副業・兼業先の営業秘密を取得してはならないことを、就業規則・誓約書等で義務づけておくべきです。

1　秘密保持義務

　労働者は、使用者の業務上の秘密を守る義務を負っています（秘密保持義務）。労働者は副業・兼業で他の使用者の下で就労する場合には秘密を漏らす場合もあれば、他の使用者の労働者が他の使用者の秘密を漏洩する場合もあります。そのため、副業・兼業を行うにしても、業務上知り得た秘密を漏らしてはならないこと、また、副業・兼業先の労働者等からその副業・兼業先での秘密を聞いてはならないこと、聞き出してはならないことを徹底すべきです。特に、副業・兼業先が会社にとって取引先であったり、または、競業会社などの場合には会社がスパイを送り込んでいるとの疑いも受けかねないことから、そのような疑わしい行為をさせないことも必要になってきます。

　この点は就業規則を整備し、または誓約書を書いてもらうなどの対策は必要です。

2　裁判例の紹介

　この秘密保持義務については、多くの裁判例がありますが、会社の重要な機密文書である３カ年基本計画案を入手し第三者に漏らした社員を懲戒解雇を有効とした古河鉱業所事件（東京高裁昭和55年２月18日判決）では、「労働者は労働契約にもとづく附随的義務として、信義則上、使用者の利益をことさらに害するような行為を避けるべき義務を負うが、その一つとして使用者の業務上の秘密を洩らさないとの義務を負うものと解される。……もとより使用者の業務上の秘密といつても、その秘密にかかわり合う程度は労働者各人の職務内容により異るが、管理職でないからといつてこの義務を免れることはなく、又自己の担当する職務外の事項であつても、これを秘密と知りながら漏らすことも許されない。」と述べています。

　また、元従業員が、在職中に競業会社の業務に従事して技術者としてその生産に関わる機密を同業者に漏らしたとして不法行為責任が認められた美濃窯業事件（名古屋地裁昭和61年９月29日判決）があります。この判決は、「原告会社と被告との間の雇用契約は、終了したものとみるべきであるが、右雇用契約存続中においては、被告は、原告会社に対し、労務を提供するに当たり、善良なる管理者の注意を用い、誠実にこれを行うべき雇用契約上の義務を負うことは当然のことであるから、原告会社の承認を得ないで原告会社以外の業務に従事したり、原告会社の不利益になる事項及び業務上の機密を漏洩したり、職務を利用して私利を謀ったりなどしてはならない義務を、被告は

原告会社に負っていたものというべきである。」と述べています。

3　副業・兼業先が競業関係にある場合

　副業・兼業の場合にも、その副業・兼業先が本業と競業関係にある場合や取引関係にある場合等には、その知っている秘密が競業会社や取引先などに漏洩する可能性があり、逆に、その競業会社や取引先から秘密の入手し得ることも有り得ることになります。その意味では、使用者とは双方向での秘密の漏洩・入手に気をつけなればなりません。

　そのためには、就業規則等においてその守秘義務を明確にするとともに、必ず、副業・兼業の許可届出申請を義務づけ、競業会社や取引先などの場合は不許可にするとか、許可するが守秘義務に関する厳しい内容を具備した誓約書の提出を求めるなどの措置を講じるべきです。

A 副業・兼業は、働き方改革実行計画（平成29年3月28日）でも原則認める方向で、普及促進を図ることとされましたが、就業規則等で許可制を定めることはできます。

1 副業・兼業についての発想の転換

　政府の働き方改革の方針の中で、労働者の副業・兼業は認められるという考え方が示されました。その理由とするところは、勤務時間外は、それをどのように使うのかは労働者の自由であり、それを使用者が規制をかけることは本来あってはならないことであるという当然のことが大前提となっています。労働者が勤務外の時間、休日・休暇の時間をどのように使おうがそれは自由であって、使用者はこれに過度な介入はできないのです。

　そして、政府の「成長戦略実行計画」において、副業・兼業の環境整備を行うための労働時間の管理方法を整備することが方針として示されました。

2 伝統的な裁判例

　これまでは、副業・兼業は原則禁止と解され、各企業の就業規則においても副業・兼業は企業の許可ない限り禁止となっているケースが多く、その上、無断の副業・兼業に対しては懲戒

勤務時間外をどのように使うかは労働者の自由。それを
使用者が規制をかけることは本来あってはならない…

解雇という異常に厳しい対応の規定が設けられていました。何
故、このような厳しい規制が広くなされてきたのか疑問に思わ
れます。

⑴　永大産業事件

　かなり古い事件判決として、永大産業事件（大阪地裁昭和32
年11月13日判決）がありますが、それによると、副業・兼業を
禁止できる根拠としては、次のように労働者の過度の疲労の防
止のためであったようです。この労働者は会社の保安要員で工
場の門番や警備をしていた者が、無断で、勤務時間外に鉄工所
での仕事に従事したということで懲戒解雇されたというもので、
判決は、次のように述べています。

　「……労働者の自由なる時間は第一義的には労働者のために

ある。しかし乍ら、労働者がその自由なる時間を精神的肉体的
疲労回復のため適度な休養に用いることは、次の労働日におけ
る誠実な労務提供並びに安全衛生に関する事故防止のための基
礎的条件をなすものであるから、使用者としても労働者の自由
な時間の利用について利害関心をもたざるをえないのである。
すでに従業員たる地位にある者がその自由なる時間を利用の自
由性に任せて他と継続的雇用関係に入り、例えば1日8時間な
いしそれ以上の拘束労働に服することになると、その疲労度は
加速度的に累積し、従業員たる地位において要請される誠実な
労務の提供は遂には殆んど不可能となるであろうし、安全衛生
上の事故の発生、これに伴う使用者側の損害並びに各種補償義
務負担等の危険性が著しく増大することが当然に予想される。
従つて、労働者がすでに従業員である以上、その自由なる時間
において他と継続的な雇用関係に入ることは、それ自体従業員
たる地位と相容れない結果を伴うものということができる。」

(2) 小川建設事件

　その他、有名な事件として小川建設事件（東京地裁昭和57年
11月19日決定）がありますが、同事件は、建設会社の女性社員
が、勤務終了後、キャバレーの会計係を深夜遅くまで勤務して
おり、昼間の勤務にも支障が出ていたので普通解雇したという
事例です。判決の理由とするところは、「業務の内容によって
は企業の経営秩序を害し、または企業の対外的信用、体面が傷
つけられる場合もありうるので、従業員の兼業の許否について、
労務提供上の支障や企業秩序への影響等を考慮したうえで会社

の承諾にかからしめる旨の規定を就業規則に定めることは不当とはいいがたい。」と述べています。

3　最近の裁判例の傾向

㋕
P3
1
(2)、(3)

　しかしながら、最近の裁判例では、Q45で紹介するマンナ運輸事件などでも明らかなように副業・兼業の禁止はむしろ例外という認識に変わりました。

　厚生労働省の策定するモデル就業規則でも平成30年1月からは、「労働者は、勤務時間外において、他の会社等の業務に従事することができる。」と条文が明示化されるようになっています。

㋕
P6
3
(1)

　なお、副業・兼業については会社の許可を要するという定めをおくことは有効と解されます。しかしながら、本来許可しない理由がないのに許可しない場合には、労働者が副業・兼業をしたことを不利益に取り扱うことはできないことになります。

副業・兼業の場合の労働者について、使用者としては競業避止義務等との関係からどのような規制を行うべきですか

A 競業避止義務は、在職中は無論、退職後も発生する可能性があり、会社としては、あらかじめ就業規則等により、①競業により自社の正当な利益を害する場合には副業・兼業を禁止又は制限することができること、②禁止される競業行為の範囲や自社の正当な利益を害しないことにつき注意を喚起すること、③他社の労働者に対しても競業避止義務に違反しないように取扱うこと等を定めておくことなどが考えられます。

1　競業避止義務

　労働者は使用者との間で、在職中は、使用者と競合する業務を行わない競業避止義務を負っていると解されます。

　これも両面あり、自社の労働者が他の使用者の指揮命令下で労働することによって、競業避止義務に違反する場合と、他の使用者の労働者を自らの下でも労働させることによって他の使用者に対してその労働者が負っている競業避止義務に反する行為をさせる面があります。

　この競業避止義務では、労働者の副業・兼業を禁止又は制限することが必要になる場合もありますが、実際には、会社にとっ

てその利益を害する可能性がない場合もあり、その際は、副業・兼業を禁止することが必要でない場合もあります。これは、労働者からの許可申請の際にきちんと調査するべきでしょう。そして、会社としては、就業規則等において、①競業により自社の正当な利益を害する場合には、副業・兼業を禁止又は制限することができること、②禁止される競業行為の範囲や自社の正当な利益を害しないことについて注意を喚起すること、③他社の労働者が他社の使用者に対し負う競業避止義務に違反しないよう確認や注意喚起を行うこと——といった規定を設けておくのがよいでしょう。

2　副業・兼業の差止め

　なお、競業での就労を差止めることができないのかということですが、在職中であれば、副業・兼業による不都合が予想される場合には許可せず、一旦許可したものの、不都合が発生した場合や発生する可能性のあるときには許可を取消すことはできますが、そのことは就業規則や許可に当たっての許可書や誓約書でその旨を明確にしておくべきでしょう。

　問題は退職後に競業を差止められないかということですが、この点については著名なフォセコ・ジャパン・リミテッド事件（奈良地裁昭和45年10月23日判決）があります。

　これは、あらかじめ競業避止特約を結んでいたにもかかわらず、元社員2名がそれに違反したという事案で、その競業避止特約の効力につき、判決は、①競業制限の範囲、②場所的範囲、③制限の対象となる職種の範囲、④代償の有無等について、会

社の利益（企業秘密の保護）、従業員の不利益（転職、再就職の不自由）及び社会的利害（独占集中のおそれ、それに伴う一般的消費者の利害）の３点に立って検討するべきとして、保証金1000万円を立てることを条件に元従業員２名がその業務に従事してはならないと判断しました。

3　信用保持義務

　その他、使用者と労働者の間には、労働契約を締結した以上は、対内的な信用保持義務と対外的な企業の名誉・信用を保持する義務もあります。

　この点も就業規則等で、会社の名誉や信用を損なうような行為がある場合には、副業・兼業を認めない旨の定めを入れて、許可の届出の際に確認しておくべきです。

＊
エ
誠実義務

Q45 マンナ運輸事件では、会社に対する一種の損害賠償が認められていますが、どのような内容なのでしょうか

A 会社が労働者の申請した副業・兼業を不許可にしたことが違法であれば、不法行為責任が発生し、それによって得られた所得についての損害賠償が認められた事件です。

1　マンナ運輸事件とは

マンナ運輸事件（京都地裁平成24年7月13日判決）は、運送会社の運転手が、同じく運輸会社のドライバーとしてアルバイトの勤務をしたいと会社に都合4回申出たが、会社はこれを認めず不許可にしたため、原告は、その不許可によって稼ぐことができずに損害を受けたとして会社に対して損害賠償を請求したという事案です。

2　判決の要旨

判決は、まず、副業・兼業の可否についての一般論を述べています。

「労働者は、雇用契約の締結によって一日のうちの限られた勤務時間のみ使用者に対して労務提供の義務を負担し、その義務の履行過程においては使用者の支配に服するが、雇用契約及びこれに基づく労務の提供を離れて使用者の一般的な支配に服するものではない。労働者は、勤務時間以外の時間については、

事業場の外で自由に利用することができるのであり、使用者は、労働者が他の会社で就労（兼業）するために当該時間を利用することを、原則として許さなければならない。」

「もっとも、労働者が兼業することによって、労働者の使用者に対する労務の提供が不能又は不完全になるような事態が生じたり、使用者の企業秘密が漏洩するなど経営秩序を乱す事態が生じることもあり得るから、このような場合においてのみ、例外的に就業規則をもって兼業を禁止することが許されるものと解するのが相当である」。

3　マンナ事件判決の結論

その上で、会社が原告（従業員）のアルバイト許可について1回目と2回目の申請を不許可にしたことには合理性があるが、3回目と4回目の不許可は理由がないと判断しました。その背景には原告の運送の出番が減少したので収入が減ったという点と、原告が労働組合の活動に熱心でありそれが影響しているのではないかという点があります。

そして、この3回目、4回目の不許可は、原告のアルバイト就労を不当かつ執拗に妨げる対応といわざるを得ないとして、さらに不当労働行為意思に基づくものと推認できるとし、その不許可は単なる労働契約上の許可義務違反を超えて原告に対する不法行為に該当すると判断しました。その賠償額は30万円でした。

Q46 2つ以上の事業場で勤務する労働者に対しては、労働時間はどのようにして管理するのですか

A 副業・兼業の場合の労働時間は、本業の労働時間と通算することになります。法定労働時間の規制についても、本業と副業・兼業とは通算します。さらに、時間外労働の1か月100時間未満、複数月平均1か月80時間の規制についても、本業と副業・兼業は通算しなければなりません。

⑰
P9
3
(2)
労働時間
管理

1　労働時間の通算の定め

　労基法38条1項は、「労働時間は、事業場を異にする場合においても、労働時間に関する規定の適用については通算する。」と規定されています。そして、通達（昭和23年5月14日付基発第769号）では、「事業場を異にする場合」とは、必ずしも同じ会社内における事業場を異にする場合に限られず、事業主を異にする場合を含むことが明確にされています。

　そのため、副業・兼業により、労働者が、事業主を異にする複数の事業場において、労基法に定められた労働時間規制が適用される労働者に該当する場合には、それらの複数の労働時間が通算されることになります。そのため、使用者としては、労働者から副業・兼業をしているか否かの確認のみならず、他の使用者の事業場における労働時間も確認し、正確に把握してお

かなければなりません。

2　通算して適用される場合

(1)　法定労働時間について

　具体的に通算して適用される労働時間に関しては、まず、法定労働時間（労基法32条）があります。これは、自らの事業場における労働時間（所定労働時間）及び他の使用者における労働時間（所定労働時間）が通算されることになります。

　なお、時間外労働上限規制（労基法36条3項から5項まで及び6項（2号及び3号に係る部分に限る。））が適用除外（同条11項）又は適用猶予（同法139条2項、140条2項、141条4項若しくは142条）される業務・事業であっても、法定労働時間（同法32条）についてはその適用において自らの事業場における労働時間及び他の使用者の事業場における労働時間が通算されるので注意が必要です。

(2)　時間外労働について

　また、時間外労働（労基法36条）のうち、時間外労働と休日労働の合計で単月100時間未満、複数月平均80時間以内の要件（同条6項2号及び3号）についても、労働者個人の実労働時間に着目し、当該個人を使用する使用者を規制するものであることから、その適用において自らの事業場における労働時間及び他の使用者の事業場における労働時間が通算されることになります。

＊
(イ)

㋖
P12
3
(2)
ウ
(ウ)
b

Q47　副業・兼業の場合に労働時間を通算しない場合はどういう場合ですか

A　労働時間を通算するのは、本業と副業・兼業のそれぞれで労働者である場合であり、副業・兼業の場合に労働者ではなくフリーランス、独立事業者の場合には、通算はされません。また、労働者であっても、労働時間の規制が及ばない農業・畜産業・養蚕業・水産業、管理監督者、機密事務取扱者、監視・断続的労働、高度プロフェッショナル制度の適用される場合は労働時間は通算されません。

ガ
P9
3
(2)
ア
(ア)

1　労働時間の規制が通算されない場合

　副業・兼業により、労働者が、事業主を異にする複数の事業場においては、「労基法に定められた労働時間規制が適用される労働者」に該当する場合には労働時間は通算されます（労基法38条1項）。

　逆にいえば、①労基法が適用されない場合や、②労基法は適用されるが労働時間規制が適用されない場合に、その時間は通算されないことになります。

2　労基法が適用されない場合

　副業・兼業をしていても労働時間が適用されない場合とは、フリーランス、独立事業者等の労働者に該当しない場合です。労働者とは、使用者の指揮命令下で労務を提供し、賃金を支払われる者をいうわけですが、労働者でないのであれば、たとえ、

フリーランス、農業、高度プロフェッショナル制度適用者は労働時間を通算しない！

労働者ではない場合は通算されない。労働者であっても労働時間の規制が及ばない場合は労働時間は通算されません

長時間働いたとしても労働時間の規制は及びません。例えば、フリーランス、独立事業者、共同経営者、コンサルタント、取締役、監査役、顧問、理事、監事等は、労働者ではないので労基法の適用はなく、労働時間の規制も及びません。

3　労基法の適用を受けるが労基法の労働時間の規制を受けない場合

これには、農業（法41条1号（施行規則別表第1・6号））・畜産業・養蚕業・水産業（法41条1号（施行規則別表第1・7号）、管理監督者・機密事務取扱者（法41条2号）、監視・断続的労働者（法41条3号）、高度プロフェッショナル制度適用者（法41条の2）等が挙げられます。

4　2、3の場合の過重労働の規制

　これらの2、3の場合において労基法の労働時間の規制を受けないために、通算して法定労働時間を超えて働かせても労基法違反にならないという場合でも、過重労働となり健康上の問題が生じることがあります。ガイドラインでは、過労等により業務に支障を来さないようにする観点から、その者からの申告等により就業時間を把握すること等を通じ就業時間が長時間にならないように配慮することが望ましいとされています。

5　通算されない規定

＊
(ウ)

　労基法に定められた労働時間規制が適用される労働者であっても、時間外労働（労基法36条）のうち、同条1項の協定（以下「三六協定」という。）により延長できる時間の限度時間（同条4項）、三六協定に特別条項を設ける場合の1年についての延長時間の上限（同条5項）については、個々の事業場における三六協定の内容を規制するものであることから、通算するのではなく、それぞれの事業場における延長時間を定めることになります。

　また、三六協定において定める延長時間が事業場ごとの時間で定められていることから、それぞれの事業場における時間外労働が三六協定に定めた延長時間の範囲内であるか否かについても、自らの事業場における労働時間と他の使用者の事業場における労働時間とは通算されません。

　なお、休憩（同法34条）、休日（同法35条）、年次有給休暇（同法39条）については、そもそも労働時間に関する規定ではない

ことから、自らの事業場における労働時間と他の使用者の事業
場における労働時間は通算されることはありません。

Q48 2つの事業場での労働時間を通算する場合に、所定労働時間の通算はどのようにするのですか

A 所定労働時間の通算は、本業の事業場の所定労働時間に副業・兼業の事業場の所定労働時間を加えることにより行います。その時間が法定労働時間を超える場合には、後から労働契約を締結した当事者（多くは副業・兼業の使用者）の方の時間が一部又は全部時間外労働となります。

㋕
P11
3
(2)
ウ
(ア)
b

＊
c

1　基本的な考え方

⑴　通算される労働時間

　労基法38条1項の規定による労働時間の通算は、自らの事業場における労働時間と労働者からの申告等により把握した他の使用者の事業場における労働時間とを通算することによって行うことになります。

⑵　基礎となる労働時間制度

　労基法38条1項の規定による労働時間の通算は、自らの事業場における労働時間制度を基準とします。労働時間の管理を行う期間は毎月1日から月末までとは限らず、それぞれの事業場によって異なることから、例えば前月11日から当月10日までをカウントして賃金を支払うという場合の労働時間の管理をしている場合であれば、他社での労働時間の起算日が1日から月の

末日までであったとしても、自社の労働時間の管理の起算日に合わせて通算すればよいということになります。

2　所定労働時間の通算

　自らの事業場における所定労働時間と他の使用者の事業場における所定労働時間とを通算して、自らの事業場の労働時間制度における法定労働時間を超える部分の有無を確認します。 ^{*a}

3　通算して時間外労働となる部分

　自らの事業場における所定労働時間と他の使用者の事業場における所定労働時間とを通算して、自らの事業場の労働時間制度における法定労働時間を超える部分がある場合には、時間的に後から労働契約を締結した使用者における当該超える部分が時間外労働となります。 ^{*d}

　その場合は、後から労働契約を締結した副業・兼業先の三六協定によってその時間外労働がなされることになります。

4　所定労働時間の把握

　労働者が副業・兼業を開始する際に、他の使用者の事業場における所定労働時間を申告してもらって、把握することになります。その申告が正しいものでない可能性もあります。しかし、その申告が正しくないことによってその本業の使用者にも影響が及ぶことから、間違いなく正確に副業・兼業先の所定労働時間を申告するように、誓約させるべきであり、不正確な申告をした場合には、副業・兼業の許可を取消す等の厳しい措置をとらなくてはなりません。 ^{*(イ)c}

Q49　2つの事業場での所定外の労働時間の通算はどのようにするのですか

A 本業と副業・兼業の場合の労働時間通算は、所定労働時間は労働契約締結の前後により、遅い方が時間外労働になる可能性があり、所定外労働の場合には、実際に所定外の労働を行った順番により遅い方が時間外労働になることになります。
2つの事業場での労働時間については、2つの事業場の使用者が連絡を取り合わない限りは、その労働者の自己申告によることになります。

㋕
P12
3
(2)
ウ
(ウ)
a

1　時間通算の方法について

通達（令和2年9月1日基発0901第3号）及び新ガイドライン（令和2年9月策定）によって、副業・兼業に関する労働時間の通算方法が明確化されました。

(1)　所定労働時間の場合

実際の副業・兼業開始前の所定労働時間の通算については、労働契約の前後により判断され、後から労働契約を締結した方について法定労働時間を超える場合には時間外労働時間になります。

(2)　所定外労働時間の場合

＊
b

実際に副業・兼業が開始された後については、通算された所定労働時間に追加された形で所定外労働が行われるものとして取り扱われ、所定外労働がなされた順番で法定労働時間を超え

た場合について時間外労働になるのです。

2　具体例

　元々の使用者であるＡ社での所定労働時間は６時間、副業・兼業先で後から労働契約を締結したＢ社の所定労働時間が３時間だとしましょう。

　所定労働時間の合計が９時間となるため、後から契約したＢ社の所定労働時間のうちの１時間は既に１日８時間を超えるので時間外労働時間になります。

　そこで、Ａ社が、ある労働日に所定労働時間を超えて２時間残業をさせたとすると、既に所定労働時間の合計が９時間（Ａ＋Ｂ）と、１日で８時間を超えているので、その２時間はいずれも１日８時間を超える労働となり時間外労働となります。そのため、その場合はＡ社の締結した三六協定に基づいて２時間の時間外労働を命じたことになります。

　他方、Ｂ社が、ある労働日に所定労働時間を超えて３時間の所定外労働をさせた場合には、すべて時間外労働になります。その場合はＢ社の締結している三六協定に基づいて時間外労働として命じることになります。

3　副業・兼業先の労働時間の把握

　このように副業・兼業を認める場合には、開始前の副業・兼業先の所定労働時間の把握と、副業・兼業の開始後には本業の所定外労働時間数と副業・兼業先の所定労働時間数を把握しなければ適正な管理はできないことになります。

　その意味では、副業・兼業をさせるに当たっては、許可制や

⑰
P10
3
⑵
イ
㋐
副業・兼業
の確認方法

届出制にして、副業・兼業先の所定労働時間や労働日ごとの労働時間数を把握しておかなければなりません。問題は、そのようなことが可能なのかどうかです。

　多くの場合には、その労働者は、副業・兼業先の就労についての許可はもらうにしても、日々の副業・兼業先の労働時間まで逐一報告をしていないものと思われるし、仮に報告しているとしても、それが正しいのか確かめようがないのではないかと思われます。

＊
(イ)
労働者から
確認する
事項

　この点について、新ガイドラインは、副業・兼業の内容に関する確認事項として、①他の使用者の事業場の事業内容、②その事業場での当該労働者が従事する業務の内容、③労働時間通算の対象となるか等を例示として挙げています。

　さらに、新ガイドラインは、労働時間通算が必要とされる場合は併せて、副業・兼業先における①労働契約の締結日・期間、②所定労働日、所定労働時間、始業・終業時刻、③所定外労働の有無、見込み時間数、最大時間数、③実労働時間数の報告の手続、⑤自社における①〜④の確認頻度等を確認することが望ましいと述べています。

4　副業・兼業先での労働時間把握の方法

⑴　使用者同士の情報交換

　副業・兼業先での労働時間の確認・把握の方法は、新ガイドラインでも「労働者からの申告等」により把握を行うものとされていますが、この申告以外の方法には、使用者側同士が情報の交換をして互いの労働時間を通知することが考えられます。

しかし、この方法は、使用者が積極的に他の使用者から情報を収集することが必要であり、お互いが協力し合う関係に立つことから、果たして、そのようなことが期待できるのかという点、さらには、副業・兼業を行う者が多くなった場合にはその情報交換の事務手続が煩瑣・厖大になってしまうことから、実際には活用されることはないと考えられます。

⑵　労働者の報告

　そうすると、結局、その副業・兼業を行う労働者の申告がその把握方法として唯一のものとなるわけですが、その場合の申告の頻度の問題も出てきます。本来は、毎労働日ごとに他社での就労実態を把握しておかないと、その日の所定外労働時間が時間外労働になるのか否かは判明しないことになります。その意味では、労働日毎の副業・兼業先の労働時間を把握できるのが好ましいわけですが、その場合は使用者・労働者ともに過度の負担になります。

　そのために、新ガイドラインでは、時間外労働の上限規制（労基法36条6項2号及び3号）の遵守に支障がないことを前提として、①一定の日数分をまとめて申告させる方法（例：1週間分を週末に申告する方法）、②実労働時間が所定労働時間どおりではなかった場合のみ申告させる方法、③時間外労働の上限規制の水準に近づいてきた場合に申告させる方法を挙げています。

Q50 副業・兼業の場合の三六協定の適用はどうなるのでしょうか

A 時間外労働が発生する場合には、本業によって発生する場合は本業の事業場で締結した三六協定を適用し、副業・兼業によっては発生する場合には副業・兼業の事業場で締結した三六協定を適用することになります。

1　時間外労働・休日労働の場合の三六協定の締結・届出

　労基法上の法定労働時間は1日8時間、1週40時間であり、法定休日は1週1日（または4週4日）となっています。この法定労働時間を超えて労働させる場合を時間外労働といい、法定休日に労働をさせる場合を休日労働といいますが、それらの場合には、事業場毎に過半数労働組合があればその過半数労働組合、それがなければ過半数代表者を選任して、使用者との間で時間外労働・休日労働協定（三六協定）を締結して、所轄労働基準監督署長に届出る必要があります。

2　副業・兼業の場合の時間外労働

　既にQ49で述べたように、この労働時間の通算の場合には、所定労働時間の通算の場合と所定労働時間以外の労働時間の通算の場合とがあり、①所定労働時間については労働契約締結前後で後から契約を締結した方（多くは副業・兼業先）につき、1日8時間、または1週40時間を超えた場合には時間外労働と

なること、②所定外労働については、その労働をした順番で、その労働が時間外労働の時間数の労働時間になるということになります。

3　各事業場における三六協定の適用

＊
(ウ)
b

　時間外労働のうち、労基法36条1項の協定により延長できる時間の限度時間（法36条4項）、三六協定に特別条項を設ける場合の1年についての延長時間の上限（法36条5項）については、個々の事業場における三六協定の内容を規制するものであることから、通算するものではなく、それぞれにおける延長時間を決めることになります。

　また、三六協定における延長時間が事業場ごとの時間で定められているものであることから、それぞれの事業場内における時間外労働が三六協定に定める延長時間の範囲内であるか否かについても、自らの事業場における労働時間と他の使用者の事業場における労働時間とは通算しません。

　即ち、それぞれの使用者が時間外労働に該当することになる場合には、その使用者は三六協定の締結・届出をし、その三六協定の範囲内で時間外労働をすることができることになるのです。

> **Q51** 厚生労働省の策定した管理モデルは
> どのような場合に導入するのですか。
> また、その導入手順とはどういう内容に
> なっているのでしょうか

A 副業・兼業を行おうとする労働者に対して、労働時間の通算管理のために、本業の使用者が管理モデルにより副業・兼業を行うことを求め、労働者を通じて副業・兼業先がこれに応じることによって導入することができます。

⑰
P14
3
(2)
オ
(ア)、(ウ)

1　管理モデルとは

　厚生労働省は、副業・兼業の場合におけるＡ社（本業）とＢ社（副業・兼業）との双方での労働時間の申告や通算管理のために、労使双方の手続上の負担が高くなることが考えられるために、そのような場合において労使双方の手続上の負荷を軽くしながら、労働基準法に定める最低労働条件が遵守されやすくする方法として考え出されたものです。

　この管理モデルについては、一般的には、副業・兼業を行おうとする労働者に対して、使用者が管理モデルにより副業・兼業を行うことを求め、労働者及び労働者を通じてＢ社がこれに応じることによって導入することができます。

2　管理モデル導入（通知）様式例

　厚生労働省のホームページでは、「副業・兼業に関する労働

使用者が管理モデルを求め、労働者及び労働者を通じて
他社が応じることにより導入することができる

時間の取扱いについて（通知）」が掲載されています（管理モ
デル導入（通知）様式例）。これは、Ａ社の労働者を通じて、
Ａ社での労働時間の上限をＢ社に伝達させることを目的とした
通知書です。

　この通知書には次の①〜⑤等を記載します。

---

①　Ａ社における１か月間の時間外・休日労働の上限の時
　　間数
②　Ａ社の１か月間の時間外・休日労働の上限時間数と、
　　Ｂ社の１か月間の労働時間（所定労働時間及び所定外労
　　働時間）の上限の合計が、単月100時間未満、複数月平
　　均80時間以内とすること

---

③　A社での時間外・休日労働時間は使用者Aが割増賃金を支払い、B社での労働時間はB社が割増賃金を支払うこと

④　A社における1か月間の時間外・休日労働の上限の時間数に変更があった場合は、速やかにB社に伝達すること

⑤　有効期限

　この方法で、A社としては、当該労働者を通じて、B社に対して労働時間の枠の上限を示すことで、副業・兼業開始後もB社における実労働時間を把握しなくとも労基法を遵守できるという仕組みなのです。

A 管理モデルでの上限の設定は、A社（本業）では時間外労働時間に着目して設定するのに対して、B社（副業・兼業）では労働時間に着目して設定することになります。

1 労働時間の上限の設定こそが目的

この管理モデルを実施する際には、労働時間の上限の設定が必要であるとされています。この管理モデルの実施は、元々、連絡のない使用者A社（本業）と使用者B社（副業・兼業）の間で、労基法の時間外労働の規制を確実に遵守するためのものであり、その意味では労働時間の上限の設定こそがその目的といえるものです。

2 労働時間の上限の設定の方法

具体的には、次のようにして上限を設定します。

① A社の事業場における1か月の時間外労働とB社の事業場における1か月の労働時間とを合計した時間が、単月100時間未満、複数月平均80時間以内となる範囲内において、A社、B社それぞれの使用者の事業場における労働時間の上限をそれぞれ設定する。

② 月の労働時間の起算日が、A社の事業場とB社の事業場とで異なる場合には、各々の事業場の労働時間制度における起

㋕
P14
3
(2)
オ
㋒
b

算日を基に、そこから起算した1か月における労働時間の上限をそれぞれ設定することで差し支えないこと。

*
(イ)

　この上限設定のポイントは、A社では時間外労働に着目するのに対して、B社では、労働時間すべてに対して着目する点です。

　そのため、労働時間の上限設定を行う際には、A社においては単月でどの程度の時間外労働行わせるのか、B社においては、所定労働時間に加えて、どの程度の所定外労働、時間外労働を行わせているのかを、副業・兼業を開始する前の段階で想定することが必要です。

*
(エ)
d

　そして、その際、A社において想定される時間外労働とB社において想定される労働時間との合計が単月100時間未満、複数月平均80時間以内になるように上限を設定することが必要となるのです。なお、この上限を超えた労働があった場合には、その労働を行わせた使用者が労基法違反の責任を問われることになります。

　この上限は、副業・兼業先によって異なるため、副業・兼業を許可するに際して、各労働者と協議して設定していくことが必要です。

3　具体例

　具体的に説明しましょう。令和3年9月での労働時間の上限の設定について検討してみましょう。

　所定労働時間がA社（本業先）で6時間、B社（副業・兼業先）で2時間という事例で想定します。そうすると、A社の時間外労働時間とB社の労働時間は、太枠で示した部分になりま

す。この太枠で囲われた部分の合計が単月100時間未満、複数月平均80時間以内となる範囲内でA社、B社それぞれがその事業場における労働時間の上限を設定するというものです。

令和3年 9月	A社			B社	
	所定労働時間 6時間	所定外 労働2H	時間外	所定労働時間 2時間	所定外
1	6	（2）		2	
2	6	（2）		2	
3	6	（2）		2	1.5
4（土）	休日			休日	
5（日）	休日			休日	
6	6	（2）	3	2	
7	6	（2）		2	1.5
8	6	（2）		2	
9	6	（2）	3	2	
10	6	（2）		2	1.5
11（土）	休日			休日	
12（日）	休日			休日	
13	6	（2）	3	2	
14	6	（2）		2	1.5
15	6	（2）		2	
16	6	（2）	3	2	
17	6	（2）		2	1.5
18（土）	休日			休日	
19（日）	休日			休日	
20	6	（2）	3	2	
21	6	（2）		2	1.5
22	6	（2）		2	
23	6	（2）	3	2	
24	6	（2）		2	1.5
25（土）	休日			休日	
26（日）	休日			休日	
27	6	（2）	3	2	
28	6	（2）		2	1.5
29	6	（2）		2	
30	6	（2）	3	2	

＊祝日は、労働日とする。

　単月100時間未満　複数月平均80時間以内で上限時間を設定

＊A社の上限　時間外　3×8＝24H

＊＊B社の上限　所定労働時間　2×22＝44H

　　　　　　　所定外　　　1.5×8＝12H

　　　　　　　　　　　　　計56時間

　上限時間の合計は80時間

**管理モデルを実施して労働時間を
管理する場合に、どの労働時間について、
時間外労働の割増賃金を支払うことが
必要になるのでしょうか**

A 割増賃金の対象となる労働時間は、A社（本業）
においては時間外労働に該当する部分であるが、
B社（副業・兼業）においては労働時間全体につ
いて割増賃金を支払うことになります。

1 新ガイドラインにおける割増賃金の取扱い

　新ガイドラインでは、時間外労働に対する割増賃金の取扱い
について次のように示されています。

① 使用者Aは、自らの事業場における法定外労働時間（時間
　外労働）の労働について、使用者Bは、自らの事業場におけ
　る労働時間の労働について、それぞれ割増賃金を支払う。

② 使用者Aが、法定外労働時間に加え、所定外労働時間につ
　いても割増賃金を支払うこととしている場合には、使用者A
　は、自らの事業場における所定外労働時間の労働について割
　増賃金を支払うこととなる。

③ 時間外労働の割増賃金の率は、自らの事業場における就業
　規則等で定められた率（2割5分以上の率）とする。

2 割増賃金の対象（B社における特別な扱い）

　この時間外労働の割増賃金の取扱いについてのポイントは、

㋕
P13
3
(2)
エ
(ア)
c

P15
3
(2)
オ
(ウ)

A社では時間外労働時間が割増賃金の対象となるのに対して、B社では労働時間すべてが割増賃金の対象となる点です。

　A社の所定労働時間が法定労働時間と同じ場合では、管理モデルを実施しなくとも、B社での労働時間は、A社の法定労働時間と通算される結果、すべて時間外労働となります。そのためその場合には、管理モデルを実施してもしなくても、B社の割増賃金コストは変わりません。

　他方で、A社の所定労働時間が法定労働時間よりも短い場合には、管理モデルを実施しない場合には、B社での労働時間は、A社の所定労働時間と通算して法定労働時間を超えない範囲では割増賃金の対象ではないものの、管理モデルを実施する場合、B社での労働時間については、すべてが割増賃金の対象になるので、B社にとってはコスト増につながります。

3　B社における労働時間の取扱いに関する意見

　なお、この点については、上限設定されるB社の労働時間のうちに、A社の所定労働時間と通算しても法定労働時間を超えないことが明らかな部分がある場合には、その部分についてB社が割増賃金を支払わないとすることも許容されるという考えもあります。

　第163回労働政策審議会労働条件分科会では、例えば、「使用者Aが月曜日から金曜日まで週5日間7時間勤務で週35時間働く。そういう働き方を管理モデルとして提示した場合で、使用者Bは土曜日のみ週1日8時間勤務する。そういう勤務だった場合に、使用者Aでは割増賃金の発生がなく、使用者Bでは週

40時間を超過する３時間が割増賃金の対象、５時間は通常の賃金でよいか。」との質疑に対して、明らかに法定労働時間を超えようがない部分は事前に特定していれば、その部分については割増賃金の対象としなくてもよいとされています。

Q 54　管理モデルの導入で上限時間が 80時間を超えた場合には どうすればよいのでしょうか

A　複数月80時間以内の規制については、前後の月の上限規制での対応が可能であるが、あらかじめ1月80時間を超える場合も想定した上限規制を考えておくべきです。

ガ
P14
3
(2)
オ
(イ)
管理モデル
の枠組み

1　上限時間設定の必要性

　新副業・兼業ガイドラインでは、管理モデルを実施する際には、労働時間の上限の設定が必要とされており、具体的には、労働者と時間的に先に契約した使用者（A社）の事業場での1か月の時間外労働と後に契約を締結した使用者（B社）の事業場での1か月の労働時間を合計した時間数が、時間外労働時間数が単月100時間未満、複数月平均80時間以内になるように、各使用者の事業場における労働時間の上限をそれぞれ設定することが必要です。元々、上限を設定することにより、A社とB社が、それぞれその上限の規制を遵守することにより、法違反にはならないという効果があるわけであり、他社に対する管理が不要になるというメリットがあるわけです。

2　上限時間設定を超えることの制限

　上限設定を超えることは基本的にできません。

　「単月100時間未満」という上限については、単月でこれを超

える上限を設定するわけにはいきません。例えばＡ社で時間外労働時間とＢ社での労働時間の合計が110時間となるような上限を設定することはできません。

　これに対し、「複数月平均80時間以内」という要件については、あくまで複数月の平均であり、単月でこれを超えたからといって（例えば、Ａ社の時間外労働時間とＢ社の労働時間との合計が85時間となるような上限を設定したからといって）、直ちに管理モデルの実施ができなくなるものではありません。

3　柔軟な上限時間設定の必要性

　新副業・兼業ガイドラインでは、この点について次のように言及しています。

① 　管理モデルの導入の際の労働時間の上限の設定において、使用者Ａの事業場における１か月の法定外労働時間と使用者Ｂの事業場における１か月の労働時間とを合計した時間数を80時間を超えるものとした場合には、翌月以降において複数月平均80時間未満になるように労働時間の設定を調整する必要が生じる。

② 　このため、労働時間の申告等や通算管理における労使双方の手続上の負担を軽減し、労基法に定める最低労働条件が遵守されやすくするという管理モデルの趣旨に鑑み、そのような労働時間を調整する必要が生じないように、各々の使用者と労働者との合意により労働時間の上限を設定することが望ましい。

　そのため、Ａ社の法定外労働時間とＢ社の労働時間の合計

＊
(エ)

が85時間となるような上限を設定した翌月には、これらの合計が75時間以下に、例えば70時間となるような上限を設定する必要があります。

Q55 管理モデルの労働時間の上限は変更することができますか

A 管理モデルの労働時間の上限規制については、Ａ社（本業）とＢ社（副業・兼業）との合意により変更可能ですが、当初より変更の申し入れができるように合意しておくべきです。

1　労働時間の上限の合意

　新副業・兼業ガイドラインでは、Ａ社（本業）とＢ社（副業・兼業先）それぞれにおいて設定した労働時間上限に収まるように各社が労働時間管理を行うという管理モデルが示されています。

　例えば、Ａ社で上限が60時間、Ｂ社で上限が20時間と定められていた場合、これが遵守されれば１月当たり80時間以内となり上限規制（労基法36条６項２号及び３号）に反しません。しかし、Ａ社が80時間に変更しつつＢ社が20時間のままであれば、合計100時間で上限規制違反となります。

2　上限時間の変更の手続

　この点ガイドラインは、「管理モデル導入後に、使用者Ａにおいて導入時に設定した労働時間の上限を変更する必要が生じた場合には、あらかじめ労働者を通じて使用者Ｂに通知し、必要に応じて使用者Ｂにおいて設定した労働時間の上限を変更し、これを変更することは可能である。なお、変更を円滑に行うこ

㋕
P16
3
(2)
オ
(エ)
b

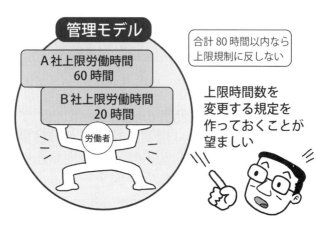

3者間における管理モデル上に上限時間数を変更する規定が
存在すれば、同規定に基づき上限時間数を変更が可能

とができるよう、あらかじめ、変更があり得る旨を留保してお
くことが望ましい。」と述べています。

　したがって、A・B・労働者の3者間における管理モデル上
に、上限時間数を変更する規定が存在すれば、同規定に基づき
上限時間数を変更が可能となります。それがなければ、例えば
A社が変更の申し込みをしても、B社が応じなければならない
という根拠がありません。

3　上限時間規制に違反した場合の責任

　仮に変更規定が存在しない場合、管理モデルはA社が上限60
時間、B社がそのまま20時間となりますが、ガイドラインによ
れば、管理モデル上限時間を逸脱して働かせた使用者において
上限規制違反の責任を問われるため、A社が80時間と上限規制

を働かせた場合の上限規制違反についてはＡ社が責任を問われます。ただし、Ａ社が超過していることを知りながら、Ｂ社が20時間働かせた場合にはＢ社も責任を問われます。

　それと、仮に管理モデル上の上限規制の時間数を三六協定上の上限時間数と一致させていた場合、管理モデルの時間数を延長した場合には三六協定も締結し直す必要があります。この手間を回避すべくあらかじめ三六協定を法定の上限時間数で締結しておく方法もありますが、管理モデル上の上限時間を超えた協定が認められるか否かは定かではありません。

Q56 3社以上で兼業するときも、管理モデルは適用できますか

A 3社以上であっても上限時間の規制を定めて、それを遵守できる限り、管理モデルの適用は可能です。

1　上限規制遵守の必要性

㋕
P16
3
(2)
オ(エ)
c

　新副業・兼業ガイドラインでは、「労働者が事業主を異にする3以上の事業場で労働する場合についても、……管理モデルの導入が可能である。」と明記しています。

　勤務先が合計で3社以上の場合の副業・兼業についても、管理モデルに定められた各勤務先ごとの上限時間数が、合計して上限規制違反にならない数値で設定されているのであれば、各勤務先において当該時間数を遵守する限り上限規制違反は起こりません。

　新副業・兼業ガイドラインも、勤務先が2社の時と同様に、勤務先が3社以上であっても管理モデルに基づく労働時間管理は可能であると考えています。

2　留意点

＊
b

　上限規制違反については、基本的に管理モデルに設定された上限時間数を超えた使用者がまず責任を問われるために、上限時間数の変更についてもきちんと合意しておく必要があります。しかし、勤務先が増えれば増えるほど合意形成及び変更時の手

続は複雑になります。

　また、他の使用者が管理モデルの上限時間数を超過したという情報を得ながら、あえて自らも管理モデル上限まで働かせた場合には、同様に法違反の責任を問われる可能性があるので、基本的にはその情報を得ながら適法な範囲での労働をさせるべきということです。

　そういうわけなので、勤務先が増えれば増えるほど上限時間を超過する使用者も発生しやすくなるわけで、その分だけ自らの上限時間数が割を食う可能性も高まることになります。また、勤務先が増えれば増えるほど、当然ながら管理モデルで定められる各社ごとの上限時間数が減少する訳なので、各社においては各月ごとに時間外労働によって繁閑への対応を行おうとすることが困難になります。

　その意味では、副業・兼業を認めるとしても、その数は1社かせいぜい2社に留めるべきと考えます。

> ## Q57 管理モデルを用いた場合の法違反事例としては、どのようなものが考えられますか

A A社、B社のそれぞれ管理モデルの上限規制を超えた事業者で、労基法36条6項2号及び3号の「時間外労働が1か月100時間未満、複数月80時間以下」にすることに違反した場合にはなり得るが、管理モデル違反は即労基法違反ではありません。

㋕
P16
3
(2)
オ
(エ)
d

1　上限規制を超えた使用者の労基法違反の責任

　新副業・兼業ガイドラインでは、管理モデルにおいてあらかじめ設定した上限時間数を超えて労働した場合について、労基法違反が発生した場合には、「当該逸脱して労働させた使用者が、労働時間通算に関する法違反を問われ得ることとなる。」と述べています。

　したがって、基本的に管理モデルに設定した時間数を超過し、それによって上限時間数を超過した使用者が労基法36条6項2号及び3号違反の責任を負うと考えられます。

2　上限規制違反を認識した他の使用者の責任

　ただし、一使用者（例えばA社）が管理モデルの上限時間数を超過したという情報を得ながら、あえて他方の使用者（B社）で自らの上限ギリギリまで働かせ、合計時間数が上限規制違反となった場合、当初の使用者が責任を問われるのは当然ですが、他の使用者も責任を問われないとはいい切れません。ガイドラ

インでも、その他方の使用者に責任を問わないとは記載されていません。

　なお、副業・兼業先と労働時間が通算されるのは実際に働かせた時間の規制（労基法36条6項2号及び3号）であり、三六協定締結場面での規制（同条4項、5項）では通算されません。

3　健康管理上の問題について

　新副業・兼業ガイドラインの「3（3）」では副業・兼業者の健康管理の在り方が記載されています。

　それによると、労働安全衛生法66条に基づく一般健康診断や、同法66条の8の面接指導等の対象となる労働者の選定については、副業・兼業先との労働時間は通算しなくてもよいのです。

　ただし、同ガイドラインは、副業・兼業を命じた使用者は、他の使用者と積極的に情報交換を行い、労働時間を通算して健康管理を行うべきとし、単に副業・兼業を認めただけの使用者も健康確保措置は一定程度講じるべきとしています。

　さらに、令和2年7月17日付「複数業務要因災害における精神障害の認定について」（精神障害の労災認定の基準に関する専門検討会）によれば、長時間労働の負荷判定において副業・兼業時の労働時間は通算されます。そうすると、通算管理をしないことが直ちに安衛法違反にはならなくとも、労災認定やひいては民事損害賠償責任につながり得るといえます。

　管理モデルの上限規制を超えた場合は勿論、他の使用者が超過していると認識した場合でも責任を問われる可能性があるので、十分に注意するべきです。

カ
P10
3
(2)
ア
(ウ)

カ
P16
3
(3)
健康管理

Q58 副業・兼業を行う労働者についての労災補償につき、労災保険法はどのように改正されたのでしょうか

....

A 副業・兼業を行っている労働者の労働災害につき、給付額を複数事業場の基礎賃金を合算した給付額に、業務の負荷について複数事業場の負荷を総合的に判断することとしました。

（ガ）
P19
5
(1)
労災保険の
給付

1　副業・兼業をしている労働者の労働災害の不都合

副業・兼業ガイドラインの改正を受けて、労働災害も、本業と副業・兼業それぞれではなく、競合して発症することもあり得ます。また、本業と副業・兼業とそれぞれ発生した場合でもそれぞれの事業場における災害として扱われるのでは、補償額も少ないという状況が発生して種々の不都合も発生します。

これらのことから、労災保険法も改正され、改正法は令和2年9月1日から施行されています。

2　複数事業労働者

複数事業労働者とは、被災した時点で、事業主が同一人でない複数の事業に使用される労働者をいいます（労災法1条）。なお、傷病が発生した時点において複数の事業に使用されておらず、この複数事業労働者に該当していない場合であっても、傷病等の原因又は要因となる事由が生じた時点で事業主が同一人でない複数の事業に使用されていた労働者であれば、「複数

事業労働者に類する者」として、改正法の適用を受けることができます。

3　改正の内容

改正の内容は概ね2つです。

(1)　給付額の基礎賃金

1つは、労災保険給付額の問題です。

複数事業労働者やその遺族等への労災保険給付額は、労働災害が発生した事業場の賃金に限らず、他の事業場の賃金額も合算した額を基礎として決定されることになります。

(2)　業務上の負荷の総合評価

もう1つが、総合災害の場合です。

複数の事業場の労働時間、労働の質などが競合して発症することが考えられる場合、例えば、脳・心臓疾患、精神障害等の場合には、複数事業場の業務上の負荷を総合的に評価して労災認定の判断を行うことです。

Q59 副業・兼業を行う労働者についての過重労働を業務上・外の原因とする災害の場合には、労災保険の認定はどのように行われるのでしょうか

・・・

A 複数事業労働者の2つ以上の事業を要因とする負傷、疾病、障害、死亡につき労災補償が認められ得ることになりました。

⑦ P19 5 (1) 労災保険の 給付

1　複数業務要因災害とは

　改正労災法では、保険給付の種類として、業務災害保険給付（労災法7条1項1号）、通勤災害に関する保険給付（労災法7条1項3号）、二次健康診断等給付（労災法7条1項4号）の外に、複数業務要因災害に関する保険給付（労災法7条1項2号）が新たに設けられました。

　この複数業務要因災害とは、複数事業労働者の2つ以上の事業の業務を要因とする負傷、疾病、障害又は死亡であり、この2以上の事業の業務を要因とするとは、複数の事業での業務上の負荷を総合的に評価して当該業務と負傷、疾病、障害又は死亡との因果関係が認められる場合（令和2年8月21日付基発0821第1号）をいうのです。

2　複数業務要因災害の影響

　この複数業務要因災害が認められることにより、複数の事業場の業務のそれぞれ単独では業務起因性が認められないような

A社
本業

B社
副業

帰宅

過重労働は複数の
事業場での業務上の負荷を
総合的に評価して認定

ヘロヘロ〜

複数事業労働者の2つ以上の事業要因を総合して相応の
負荷になる場合には、総合的に評価して労災を認定

程度の負担であっても、競合すれば相応の負荷になる場合には
総合的に評価して労災を認定することになったわけです。

3　認定基準の改正

　複数業務災害による疾病の範囲は、労災法施行規則18条の3
の6により、「脳・心臓疾患」、「精神障害」及び二以上の事業
の業務を起因とすることの明らかな疾病をいうものとされてお
り、現時点ではこの2つが対象と想定されています。

　そのため、2つの認定基準である「脳血管疾患及び虚血性心
疾患等（負傷に起因するものを除く。）」と、「心理的負荷によ
る精神障害の認定基準について」では、それぞれ、「業務」を
「二以上の事業の業務」と、「業務起因性」を「二以上の事業の
業務起因性」と解するなどの改正がなされました（前者の改正

の通達は令和2年8月21日付基発0821第3号、後者の改正の通達は令和2年8月21日付基発0821第4号）。

．．．

A 　A社（本業）からB社（副業・兼業）への移動の過程で生じた災害は、終点である事業場への通勤のための災害とされますが、給付額は、A社とB社との賃金額の合計額を基準にして算定します。

1　通勤災害の発生過程

　副業・兼業をしている労働者についての通勤災害は、A社を本業、B社を副業の事業場とすると、①自宅からA社に行く過程での災害、②A社からB社に行く過程での災害、③B社から自宅に帰る過程での災害の3つが考えられます。

　このうちの①はA社へ行く過程での通勤災害、③はB社から帰る過程での通勤災害として通常の場合との間で余り違和感はないでしょう。問題は、②のA社からB社に行く過程での災害をどう捉えるかです。

2　②A社からB社への行く過程での災害

　この点につき、新ガイドラインでは、「労働者が、自社、副業・兼業先の両方で雇用されている場合、一の就業先から他の就業先への移動時に起こった災害については、通勤災害として労災保険給付の対象となる。」と述べています。

　そのため、②も通勤災害として労災保険の対象となるのですが、理論的には、事業場間の移動であるので移動の終点となる

⑦
P19
5
(1)
(注)

事業場において労務の提供を行うために行われる通勤であると考えられ、そのため、「当該移動の間に起こった災害に関する保険関係の処理については、終点たる事業場の保険関係で行うもの」とされます（平成18年3月31日付基発第0331042号）。

　つまり、B社の労災保険関係で処理されるわけです。

3　保険給付額

　この②の通勤災害の給付基礎日額ですが、B社からの賃金を基礎とした額になるわけではなく、複数事業労働者を使用する事業ごとに算定した給付基礎日額に相当する額を合算した額となります（労災法8条3項）。

A 副業・兼業を行う労働者に対する健康診断、面接
指導、ストレスチェックについては、通算せずに
その事業主における労働時間を基準とします。

カ
P16
3
(3)
健康管理

1 副業・兼業を行う場合の健康管理の重要性

　副業・兼業を行った場合に気になるのは、その労働者が長時間労働にならないかということです。長時間労働が過労死、精神障害・過労自殺に結びつきやすいのは自明の理であり、その意味では、兼業・副業を認める場合には、その労働者の労働時間を含めた健康管理をどうするのかは留意していなければならない点です。

2 副業・兼業労働者に対する労働安全衛生法の健康確保措置の適用

　労働者が届出もなく兼業・副業していた場合は別として、兼業・副業を認めた、あるいは、労働者が兼業・副業していることを知っている使用者は、両方の労働時間を合わせると過重労働になるおそれがある場合にはその労働者の健康管理についてどのようにすべきかが問題になります。

　この点は、副業・兼業ガイドラインにおいて、「使用者は、労働者が副業・兼業をしているかにかかわらず、労働安全衛生法第66条等に基づき、一般健康診断、長時間労働者に対する面

接指導、ストレスチェックやこれらの結果に基づく事後措置等（以下、「健康確保措置」という。）を実施しなければならない。」と述べていますが（3（3）の本文）、「健康確保措置の実施対象者の選定に当たって、副業・兼業先における労働時間の通算をすることとはされていない。ただし、使用者の指示により当該副業・兼業を開始した場合は、当該使用者は、原則として、副業・兼業先の使用者との情報交換により、それが難しい場合は、労働者からの申告により把握し、自らの事業場における労働時間と通算した労働時間に基づき、健康確保措置を実施することが適当である。」と述べています。

　このように、労働安全衛生法に定める、一般健康診断、面接指導等、ストレスチェックの健康管理については、例え副業・兼業をしていても、その労働時間を考慮せずに、単独での労働時間を把握して実施すればよいということになります。

　ただし、副業・兼業先との情報交換、労働者からの申告があった場合には、できればそれらの健康確保の措置も実施することが好ましいということです。

Q62 パート社員が副業・兼業で労働時間が増加した場合には、一般健康診断が必要になるのですか

A パート社員が副業・兼業の結果、１週間の所定労働時間が通常の労働者の４分の３以上になる場合であっても、あくまでその事業場における所定労働時間を基準としており、一般健康診断の対象とはなりません。

1　パート社員の健康診断の必要性

　安衛法が定める一般健康診断は、使用者（事業者）は、常時使用する労働者に対して実施しなければならないことになります（安衛法66条１項、安衛則43条、44条）。なお、この一般健康診断というのは、雇入時の健康診断（安衛則43条）と定期健康診断（同規則44条）を意味します。

　この「常時使用する労働者」に該当するか否かについては、通達（平成31年１月30日基発0130第１号）により、次の①、②の要件が課されています。

① 無期雇用労働者（有期雇用労働者であって、契約期間が１年以上である者並びに契約更新により１年以上使用されることが予定されている者及び１年以上引き続き使用されている者を含む。）

② １週間の労働時間数が当該事業場において同種の業務に従

週20時間
A社パン屋
店頭販売

週20時間
B社スーパー
パートタイム労働

各労働時間が通常の労働者の4分の3以上には当たらない

健康診断を行う義務はない

あくまで１つの事業場の所定労働時間の４分の３の要件を
満たしていないと法定の健康診断を実施する義務はない

事する通常の労働者の１週間の所定労働時間の４分の３以上
である者

2　①期間の定めのない契約の要件

　この点については、期間の定めのある契約の場合にも、何度
か更新されて実質的に期間の定めのない契約に転化していると
見られる場合、あるいは、そのパート社員に更新の期待が発生
するなどの場合には、実質的には期間の定めのない労働契約を
締結している者として取り扱われることは判例上、または労働
契約法19条等でも明らかなとおりです。

3　②所定労働時間の４分の３の要件

　パート労働者で、②の要件について、元々はそれぞれで20時
間だったのに、副業・兼業により合計で１週40時間になった場

合に、通常の労働者の４分の３以上に当たるかという問題はあるのですが、この点についても、Ａ社での勤務の所定労働時間が増加したわけではなく、あくまでＡ社の所定労働時間は20時間であるため、②の４分の３の要件は満たしていないため、法定の健康診断を実施する義務はないことになります。

4　安衛法上の責任

　無論、この点についても、Ａ社とＢ社との会社同士の情報交換や労働者からの届出により、通算の所定労働時間を把握した結果、それが通常労働者の所定労働時間の４分の３を超える場合には、健康管理の実質的な必要性に応じて、均衡上、健康診断を実施するべきではないかとの見解もあり得るかもしれませんが、安衛法上の使用者（事業者）の義務としては、法定の一般健康診断を行う義務はないことになります。

> **Q63** 副業・兼業を行う場合の労働者は、自らの健康を守るために対応すべきことがありますか

A 副業・兼業を行う労働者は、過労にならないように自ら慎重に副業先・兼業先を選ぶとともに、自ら業務の量と内容、労働時間などから健康管理する必要があるとされます。

ガ
P18
4
労働者の
対応

1　健康管理は自己責任か

　労働者の健康管理は使用者が行うものか、それとも、労働者が自ら行うべきものかという議論は昔からありますが、どちらが正しいか一方的に決められるものではありません。元々は、労働者は万全の健康状態で労務を提供するべきであるという契約原則論の立場に立てば、労働者の自己責任論が出てきます。しかしながら、他方で指揮命令下で労務を提供している以上、使用者が労働者の健康を守るべき安全配慮義務を負っているという考え方があり、長時間労働による過労を防ぐために使用者は労働者の健康に留意して、疲労の蓄積による健康の悪化を防ぐべきであるとの立場があります。

＊
(2)

　いずれにせよ、副業・兼業が労働者の意思によるものであり、使用者主導によるものではない以上は、自らの健康の確保、長時間労働による健康悪化の防止の基本的義務は、特段の事情がない以上は労働者側にあると考えざるを得ません。

2　ガイドラインによる労働者自身の配慮義務

　この点についてガイドラインは、「労働者は、副業・兼業を希望する場合にも、まず、自身が勤めている企業の副業・兼業に関するルール（労働契約、就業規則等）を確認し、そのルールに照らして、業務内容や就業時間等が適切な副業・兼業を選択する必要がある。例えば、労働者が副業・兼業先の求職活動をする場合には、就業時間、特に時間外労働の有無等の副業・兼業先の情報を集めて適切な就職先を選択することが重要である。」と、労働者自らが副業・兼業先の選択において留意しなければならないことを述べています。

3　労働者自身の時間管理、健康管理義務等

　特に、過労に関して、ガイドラインでは、「……副業・兼業による過労によって健康を害したり、業務に支障を来したりすることがないよう、労働者（管理監督者である労働者を含む。）が、自ら各事業場の業務の量や進捗状況、それに費やす時間や健康状態を管理する必要がある。また、他の事業場の業務量、自らの健康の状況等について報告することは、企業による健康確保措置を実効あるものとする観点から有効である。」と述べています。

　さらに、労働者としては、「使用者が提供する健康相談等の機会の活用や、勤務時間や健康診断の結果等の管理が容易になるようなツールを用いることが望ましい。始業・終業時刻、休憩時間、勤務時間、健康診断等の記録をつけていくような民間等のツールを活用して、自己の就業時間や健康の管理に努めるこ

＊
(1)

＊
(2)

＊
(3)

とが考えられる。ツールは、副業・兼業先の就業時間を自己申告により使用者に伝えるときにも活用できるようなものが望ましい。」と述べています。

「新版　労働基準法実務問答　第３集」
執筆者一覧

岡村　光男（弁護士／岡村法律事務所）

小川　和晃（弁護士／レクスペラ法律事務所）

加島　幸法（弁護士／森田・山田法律事務所）

田島潤一郎（弁護士／安西法律事務所）

外井　浩志（弁護士／外井（TOI）・鹿野法律事務所）

平井　彩（弁護士／石嵜・山中総合法律事務所）

平田　健二（弁護士／安西法律事務所）

（五十音順。所属は令和３年８月現在のもの）

新版 労働基準法実務問答 第3集
～三六協定と変形労働時間・フレックスタイム制
副業・兼業に関するQ&A～

令和3年8月31日 初版発行

編　者　　労働調査会出版局
発行人　　藤澤　直明
発行所　　労働調査会
〒170-0004 東京都豊島区北大塚2-4-5
TEL　03-3915-6401
FAX　03-3918-8618
http://www.chosakai.co.jp/

ISBN978-4-86319-849-4　C2032